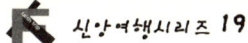 신앙여행시리즈 19

그 여자의 신앙,

오프라 윈프리

마르시아 Z. 넬슨 지음 | 최혜선 옮김

한국장로교출판사

The Gospel According to Oprah

by
Marcia Z. Nelson

Tr. by
Hye Sun Choi

English Edition ⓒ 2005 by Marcia Z. Nelson
Korea Edition ⓒ 2010 by Westminster John Knox Press

All rights reserved. No part of this book may be reproduced or transmitted in any form or by any means, electronic or mechanical, including photocopying, recording, or by any information storage or retrieval system, without permission in writing from the publisher. For information, address Westminster John Knox Press, 100 Witherspoon Street, Louisville, Kentucky 40202-1396.

Publishing House
The Presbyterian Church of Korea
Seoul, Korea

그 여자의 신앙,
오프라 윈프리

The Gospel According to Oprah

c.o.n.t.e.n.t.s.

| 머리말 – 사명을 띤 오프라 | 6

1장 너무나 인간적인 오프라 _ 28
2장 역경의 실체를 인정하고 극복하려는 오프라 _ 38
3장 공동체를 활용하는 오프라 _ 52
4장 자기 성찰에 힘쓰는 오프라 _ 64
5장 감사함을 가르치는 오프라 _ 72
6장 상황을 단순화시키는 오프라 _ 82
7장 경청하는 오프라 _ 96
8장 넉넉한 마음을 가르쳐 주는 오프라 _ 112
9장 용서에 대하여 탐구하는 오프라 _ 126
10장 알림 서비스를 하는 오프라 _ 146

| 맺음말 – 즐거운 설교 | 168
| 어떻게 이 책을 썼는가? – 소재 및 자료의 출처 | 178
| 감사의 말 | 180
| 본문 주해 | 181
| 참고문헌 | 185

머_리_말

사명을 띤 오프라

2001년 9월, 세계무역센터^{World Trade Center}의 폭탄테러로 미국의 취약점이 드러난 이후 12일이 지나자 뉴욕 시장 루돌프 줄리아니^{Rudolph Giuliani}는 양키스타디움^{Yankee Stadium}에서 예배를 소집하였다. 2만 명에 이르는 목회자, 유대교 율법학자, 회교도 율법학자, 설교자, 그리고 신도들이 모였다. 행사의 사회자인 오프라 윈프리는 국가적 단결과 사회적 위로를 추도문의 핵심 내용으로 다루었다. 25년 전이었다면, 대통령 6명의 영적 조언자인 빌리 그레이엄^{Billy Graham}이 했을 법한 역할을 연예인이 하고 있는 것이다.

토크쇼 진행자, 영화 제작자, 자선가인 오프라는 성직자로 임명을 받은 것도 아니다. 그녀는 설교가도 아니며 종교 전문가도 아니다. 그러나 20년 넘게 만들어진 그녀의 대중매체 활약은 영향력 있는 지도자의 위상을 그녀에게 가져다주었다. 오프라는 소재에 따라 기발한 연설을 하며, 그녀의 TV 프로그램은 아프가니스탄부터 짐바브웨에 이르는 108개국 전 세계에 걸친 청중을 확보하고 있다. 여론조사기관 닐슨^{Nielsen}에 의하면, 2004년 미국에서의 시청률은 1천만 명이었다. 2000년에 출간되기 시작한 「오프라 매거진」^{O, The Oprah Magazine}은 독자가 270만 명이며 그 광고 효과가 상당하다. (이 잡지는 광고에 따라 잡지의 크기가 달라진다. 최고 300페이지일 때도 있었다.) 수입의 원천이

기도 하지만 무엇보다도 그녀의 복음을 전할 수 있는 다양한 매체가 오프라의 모든 사업체에 갖추어져 있는 것이다. 그녀가 제작한 영화, 권장한 도서나 상품, TV 프로그램, 웹 사이트, 잡지 등 지난 20년간 그녀의 역량은 여러 가지 방법으로 다양한 것들에 대하여 많은 이들의 감성을 자극하며 긍정적인 효과를 불러일으켰다(미주 1).

    대화를 잘 풀어 나가고 격의 없는 스타일의 오프라는 친근하면서도 품위 있게, 목회자인 듯하면서도 가장 친한 친구의 모습으로, 권위 있지만 접근하기 쉬운 모습으로 TV에 등장한다. 데이턴^{Dayton} 대학에서 신학과 여성학을 가르치며 저술활동을 하고 있는 주디스 마틴^{Judith Martin}은 오프라가 개인 기관의 교회 같다고 이야기한다.

    물론 오프라는 미국 여성들에게, 특히 어머니들에게 많은 이야기를 한다. 오프라의 잡지와 TV 프로그램의 광고에는 여성 관련 제품이 많다. 특히 TV 프로그램의 청중들은 여성의 비율이 압도적으로 높다. 오프라 북 클럽의 독자들도 거의 여성이다. 미국 도서상 소설 부문에서 수상한 「교정」^{The Corrections}의 작가인 조나단 프란첸^{Jonathan Franzen}은 그녀의 프로그램에 책이 소개되었을 때 남성 독자들을 쫓아내는 것은 아닐까 걱정했다고 한다.

오프라는 기본적으로 중년층의 여성을 대변한다. 오프라처럼 중년이거나 향후 10년 안에 그렇게 될 여성들이다. 그들은 할 일이 너무 많은 채로 가족들의 중간에 끼어 있는 사람들이다. 이 여성들은 바쁜 삶 가운데 가사를 돌보고, 개인적·사회적 고민을 토로하며, 어쩌면 체중까지 줄이려 애쓰고 있을 것이다.

오프라는 이들에게 많은 도움을 준다. 일단 그녀는 용기를 북돋워 준다. "최대한 누리면서 사세요." 이것은 오프라가 추구하는 바람직한 삶을 한마디로 요약한 표어다. 그리고 그녀는 삶을 최대한 누릴 수 있는 도구도 제공한다. 읽어야 할 책, 모방해도 좋을 인물, 도움이 될 만한 물품(「오프라 매거진」의 "O 목록" 권장 상품으로 나온 상품을 잘 선별하여) 등이 그 예다. 「오프라 매거진」의 "가져갈 O"에는 종이로 만들어진 메모 카드나 엽서, 책갈피 등이 있는데, 작은 보너스지만 잡지의 가치를 더해 주는 역할을 한다. "내적으로 강한 팀을 어떻게 만들까?", "물리적·언어적 폭력 없이 영향력을 행사하는 방법은?" 등 '이 달의 주제' 와 관련된 질문에 대한 답이 떠오르면 뜯어서 간단히 메모할 수 있는 "생각해 보아야 할 것"이라는 묵상 메모란도 있다.

책에 관한 이야기도 해야겠다. 오프라의 북 클럽은 출판업자, 도서 판매업자, 독자의 천국이다. 오프라의 북 클럽에서 추천한 48권의 도서 중 어느 신작 소설은 1999년 150만 권이 팔려 나가서 가장 성과가 좋은 한 해를 보냈다. (오프라의 북 클럽은 현재 고전 소설을 추천하고 있다. 1877년 처음 출판

된, 레오 톨스토이Leo Tolstoy의 「안나 카레니나」Anna Karenina는 100년이 더 지난 후에 베스트셀러가 되었다.) 책을 소개하는 오프라는 판매원인 동시에 정신적 지도자이기도 하다. 그녀는 신념을 가르치는 유색인종 여성 작가의 책을 많이 소개한다. 작품의 구성, 인물, 교훈이 탄탄하기 때문이다.

출판 잡지인 「퍼블리셔스 위클리」Publishers Weekly에서 여러 해 동안 종교 서적의 편집장을 역임하였고, 종교 서적을 "지니고 다니는 목회자"로 묘사하는 필리스 티클Phyllis Tickle은 오프라의 북 클럽에서 추천하는 책을 "도덕적으로 건전하며, 어느 면으로 보든 내용이 신뢰할 만하고 풍부하다. …… 그녀가 하는 모든 일이 그렇듯, 그녀가 권하는 책을 읽으면 더 나은 사람이 될 수 있다. 그녀의 심미안은 문학적일 뿐만 아니라 교훈적이기 때문이다."라고 표현하였다. 티클은 계속 말을 이어 나간다. "나는 오프라를 상당히 존경한다. 수천 명의 삶을 향상시킬 수 있는 이는 존경받아야 하지 않겠는가? 그녀는 성직자로 임명되지 않았지만 분명히 성직자이고, 그것도 영향력 있는 성직자다" (미주 2).

대부분의 국민들이 오프라의 프로그램을 TV 쇼 시간대인 점심 시간에 시청하지만, 적어도 오프라의 홈그라운드인 시카고 지역에서만큼은 오전 예배와 비슷한 요소를 프로그램에 가미하였다. "예배 장소로 가서 앉아 보세요. 당신에게 용기를 주는 기도 시간을 가지세요. 평일 아침 9시 예배에 커피를 한 잔 들고 오셔도 됩니다. 지금 집에서 시청하고 계시더라도 온전한 전율을 느끼실 수 있습니다." TV 화면으로 전파를 타고 흘러나오는 오프라의 모습과 목소리를 접할 수 있으며, 실제 스튜디오 안에서는 무대에서 반주되는 행렬 성가 소리와 청중의 환호 소리와 함께 오프라가 걸어 다니며 악수하는 모습을 볼 수 있다. 주 5일 각 1시간 분량의 쇼는 일반 목회자들보다 더 많은 설교 시간이 되고, 오프라는 더 큰 회중을 지휘한다. (오프라 자신도 시카고의 큰 교회—삼위일체 연합 그리스도교회—에 출석하고 있다.)

  2002년 성금요일, 오프라의 프로그램 주제는 "기적"이었다. 초대 손님은 PAX-TV의 "기적입니다"It's a Miracle를 진행하는 리처드 토마스Richard Thomas였다. 매주 방영되는 "기적입니다"는 믿기 어렵고, 영감을 주는 실제 사연을 다큐멘터리 드라마 형식으로 각색하여 '기적'을 보여 주는 프로그램이었다. 사건의 반전, 우연한 일치, 패배로부터 얻게 되는 승리, 믿기 어려운 생존 등을 다루는 이 프로그램에서 미숙아로 태어난 어느 아기의 사연이 소개되었다. 의학적으로 살 가망이 없던 아기가 스스로 호흡을 할 수 있게 되었는데, 2년 후 그 아기가 엄마의 손을 잡고 의심 많은 사람들을 위해 풍부한 극적 증거를 내놓으면서 오프라의 스튜디오에 등장한 것이다. 방청석에 있던 산부인과 의사는 그 소녀가 지금까지 살아 있다는 것이 의학적으로 불가능하다고 했다. "기적입니다"는 교회 예배처럼, 와이넌스Winans 가족 3대가 힘차게 부르는 찬송으로 끝을 맺는다. (와이넌스는 극심한 심장마비에서 기적적으로 회복되어 순회공연으로 다시 무대에 복귀했다며 간증을 했다.)

2002년 또다른 프로그램에서는 치료요법 전문가이자 「이혼에 처한 우리 아이들 돕기」Helping Your Kids Cope with Divorce의 저자인 개리 뉴만Gary Neuman이 출연하였다. 그리고 이혼한 부부가 출연하여 두 아들 사이에 앉아 있었는데, 이혼을 바라보는 가족들의 시선이 제각기 다르다는 것을 화면으로 보여 주었다. 이 부부는 부모 사이에 끼어 있는 두 아들의 입장이 혼란스러울 것을 염려하며 개리 뉴만에게 상담을 요청하였다. 그들의 문제는 방송하는 그 자리에서 지체 없이 해결되었다. 이들 부부는 더 많이 노력하여 다시는 두 아들을 곤란하게 하지 않겠다고 큰 소리로 맹세하였다. 그날 프로그램을 끝맺으며 오프라는 이렇게 말했다. "이런 좋은 일들 때문에, 저는 방송을 떠나지 못합니다."

그녀는 이런 말을 자주 한다. 오프라는 적어도 2011년까지 방송 일을 할 것이다. 25년째 되는 해까지 프로그램을 연장하겠다는 2004년의 계약에 오프라가 서명했기 때문이다. 방송의 특성상 프로그램의 주제도 바뀌어야 하고, 그녀의 패션도 다채로워질 것이며, 그녀의 개인 신상에도 변화가 있겠지만, 오프라가 건재한 것은 일관성과 혁신의 균형을 보여 주는 좋은 예다. 변화는 피할 수 없지만, 그녀의 핵심 복음—스스로를 발전시키세요, 차이점을 만들어 내세요, 삶의 교훈을 배우세요.—은 바뀌지 않는다.

오랫동안 TV 프로그램을 이끌어 온 오프라가 대중매체를 활용하는 기법은 프로그램과 광고를 밀착시키는 것이다. 오프라의 프로그램은 놀라운 사연이나 놀랄 만큼 솔직한 담화가 광고에 의하여 잠시 중단된다. 고백 또한 오프라 프로그램의 상징이다. 삶의 방식을 개선하는 데 대화는 필수적인 역할을 한다고 오프라는 말한다. 그녀는 "감정을 표출하는 것은 마법과도 같답니다."라고 이야기한다.

그러나 감정의 표출만이 이 프로그램의 전부는 아니다. 오프라 프로그램의 궁극적인 목표는 더 나은 상황을 만드는 것이다. 마틴^{Martin}은 페미니스트의 관점으로 오프라의 복음을 이해하라고 제안한다. "오프라는 정말 다정하거든요. 그녀는 영향력 있는 부자입니다. 자신의 부와 능력을 사용하여 타인에게 용기를 주지요. 페미니스트가 정말 해야 할 일입니다."

초대 손님과 방청객들이 집중해야 할 메시지가 있을 때 오프라는 질문을 줄이고, 더 많이 충고한다. 그 한 예로 오프라는 이혼한 부부들에게 자녀들의 선택을 강요하지 말라고 이야기한다. 염려하며 도움을 요청하는 초대 손님에게 오프라는 이따금씩 단도직입적으로 말한다. "아내에게 다 털어놓으세요." 그렇게 하겠다고 동의한 7명의 남편들을 데려다 놓고, 오프라는 그들의 잘못을 모두 고백하게 하였다. 물론 그들의 아내들이 무대 밖에서 듣고 있었다.

오프라는 전구 불빛이 번뜩이는 듯한 깨달음의 순간, "아하!"라는 감탄사를 내뱉게 되는 깨달음의 순간, (「오프라 매거진」에서도 거론된다.) 삶이 전환되는 뜻밖의 순간에 대해 종종 이야기한다. 초대 손님으로부터 배운 교훈을 모든 이가 알게 되도록, 오프라는 도움과 지원을 아끼지 않는다. 오프라는 「폐경기 여성의 몸 여성의 지혜」The Wisdom of Menopause의 저자인 크리스티안 노스롭Christiane Northrup 박사로부터 배운 건강관리의 지혜를 "모든 이들이 알았으면 좋겠다."고 말한다. 10대에 성폭행을 당한 인기 대중 가수 브랜디Brandy가 어린 가수들과 함께 '영적 여행'에 대한 이야기를 나눈 후, 오프라는 다음과 같이 칭찬하였다. "당신은 많은 소녀들의 생명을 구하게 될 거예요."

오프라는 상황을 조정하는 역할도 한다. 실제로 오프라는 여성들의 다양한 문제를 해결해 주는 전문가 팀을 운영하고 있다. 라이프 코치 마사 베크Martha Beck, 개인 트레이너 밥 그린Bob Greene, 심리학 박사 필 맥그로우Phil McGraw, 실내 장식가 네이트 버커스Nate Berkus, 그리고 재정 전문가 수지 오먼Suze Orman은 팀 구성원으로서 오프라의 프로그램이나 잡지에 등장한다. 체중 감량 식이요법에 관한 조언이든, 형편없는 침실의 인테리어를 바꾸는 일이든, 삶의 질을 흔들어 놓는 성가신 문제들을 오프라는 모두 해결하여 준다. 그녀는 친구 같은 모습으로 당신을 위해 그곳에 있는 안내자다.

아이디어를 내고 반응할 수 있게끔 하는 "토론의 조정자로서 오프라는 정말 훌륭하다."고 스탠포드 대학의 신앙생활 관련 총책임자이며 「당신의 종교 찾기」Finding Your Religion를 저술한 윌리엄 맥레넌William McLennan은 말한다. "나는 교육적이고 도움이 되는 방향으로 사람들을 끌어 모으며, 사람들에게 말하게 할 수 있는 현명한 여성이 바로 오프라라고 생각한다."

오프라는 개인이나 가족뿐만 아니라 공동체를 확립하고 싶어한다. 그녀는 다른 이의 경제력으로뿐만 아니라 자기 자신의 재산으로도 꾸준히 자선 활동을 펼친다. 2002년 포춘지^{Fortune}는 오프라가 익명으로 자선사업에 기부한 돈이 연 수입의 10퍼센트 이상이라고 보도한 바 있다. 2004년 비즈니스위크지$^{Business\ Week}$에서는, 미국의 인심 후한 자선가 리스트에 오프라가 40위로 등재되었다. 그녀는 오프라 윈프리 재단에 투자하고 있다. 그녀의 공공 자선 관련 단체인 오프라 엔젤 네트워크$^{Oprah's\ Angel\ Network}$는 그녀의 프로그램이나 웹 사이트에서 활동하며, 경영 첫 해인 1997년 350만 달러를 모금하였다. 시청자의 성금으로 유지되는 엔젤 네트워크는 장학금을 기부하며, 국제 민간 기독교 단체인 해비타트$^{Habitat\ for\ Humanity}$(주택 소유주들이나 자원 노동자들을 통하여 주택을 공급하는 단체 - 역자주)에 가구를 지원하고, 여성·어린이·가족을 돌보는 민간단체를 돕는다.

  2002년부터 2003년까지 오프라 엔젤 네트워크는 사회를 변화시키는 데 기여한 인물들에게 수여하는 Use Your Life 기금을 5~6개 부문에 걸쳐 후원하고 있다. (식품 생산업체 Newman's Own을 운영하며 이미 자선사업가로 유명한 배우 폴 뉴먼$^{Paul\ Newman}$과 아마존닷컴$^{Amazon.com}$의 CEO인 제프 베조스$^{Jeff\ Bezos}$가 Use Your Life 기금을 지원한다.) 이 상은 감동적인 사연을 돋보이게 하고, 영적인 메시지를 전한다. 수여자 중 한 명은 의류 제조업자인 로버트 영$^{Robert\ Young}$이었다. RFDC$^{Red\ Feather\ Development\ Corporation}$를 설립한 로버트 영은 미국 원주민들을 위한 주택 공급에 관심을 가지고 미국의 북서부 지역에서 참여하였다. 전직 매춘부였고, 약물 중독자였던 노마 호탤링 Norma Hotaling 의 조직인 SAGE Standing Against Global Exploitation (개발에 반대하는 모임)는 샌프란시스코의 사창가에서 그녀와 비슷한 경험을 가진 이들이 활동하는 단체였다.

또한 오프라는 그녀의 방식으로 고쳐 나가고 싶어한다. 2002년 아프가니스탄을 방문하여 탈레반 정권이 무너진 직후의 여성과 어린이들에 대한 처우 변화를 부각시켜 달라는 부시 대통령의 요청을 오프라는 거절하였다. 그녀 자신이 다른 이의 목적에 이용되고 싶지 않았기 때문이다. 오프라는 예전부터 아프가니스탄의 여성들에 관하여 방송을 해 왔지만, 그녀 자신의 말로 가르치고 싶었던 것이다.

오프라를 지켜보았던 사람들 중에는 그녀를 빈틈없는 사람이라 말하는 이들도 있고, 반대로 괴팍하다고 말하는 이들도 있다. 아마 오프라는 그 두 가지는 별개의 것이라고 말할 것이다. 「오프라 매거진」 2002년 4월호의 "내가 확실히 아는 것"이라는 칼럼에서, 그녀는 다음과 같이 기술하였다. "인간관계에는 아이러니가 있다. '다시는 다른 이에게 나의 힘을 내어 주지 않겠다.'고 진정한 확신으로 말할 수 있을 때, 누군가에게 도움을 줄 준비가 되어 있는 것이다." 개인적인 신념은 직장생활을 하는 데에도 영향을 미친다. 영향력이 있는 여성은 대부분 직장생활이나 개인의 삶에 있어서 모두 자신감과 결단력이 있다.

⋮ 간증이 되는 고백

　대중 앞에서 오프라의 정체성으로 가장 명확히 새겨진 것은 세간의 주목을 받는 그녀임에도 불구하고, 오프라가 자신의 경험담을 활용한다는 것이다. 그녀가 다른 이들에게 고백하라고 용기를 주는 것처럼, 오프라 스스로도 기꺼이 그렇게 한다. 그녀는 성폭행을 당했던 어린 시절, 실패를 반복하는 다이어트 등의 이야기를 프로그램에서 털어놓는다.
　"오프라는 현실적인 접근을 합니다." 캘리포니아 대학의 종교사회학 교수이며, 「영적 시장」Spiritual Marketplace의 저자이고, 미국의 종교적 경향을 논평하는 웨이드 클락 루프Wade Clark Roof는 말한다. "그녀는 경험을 이야기하고, 경험에 대한 이야기와 사람들을 연관시킵니다. 영적인 이야기는 경험이 있어야 가능하니까요."
　달리 말하면, 단순한 수다가 아니라 인생의 화마(火魔)로 검증된 이야기를 간증으로 접하는 것이다. 오프라의 말처럼, 진지해지자는 것이고, 진실만을 말하자는 것이다. 제도 속의 무미건조한 믿음보다 가공되지 않은 생생한 경험이 당연히 선호되기 마련이다. 영적인 부흥도 그와 비슷한 내용일 것이다. 굳건한 신앙을 가르치는 것의 불충분함에 대하여, 퀘이커교Quakers의 창시자인 조지 폭스George Fox는 1647년 이렇게 썼다. "그러나 나는 모든 성직자를 저버렸기 때문에 가장 노련한 자들이라 불리는 설교자들과도 따로 떨어진

채 남겨졌다. 나는 그들 중 내 상황을 말할 수 있는 사람이 아무도 없음을 알았다. 바로 그때, 나는 '단지 예수님만이 그러한 상황을 말할 수 있으시다.' 라고 말하는 목소리를 들었다. 내가 그 소리를 들었을 때 내 가슴은 뛰었고, 나는 이것을 경험적으로 알게 되었다." 부처도 제자들에게 그의 말을 무조건 받아들이지 말고, 경험으로 배운 것을 검증해 보라고 하였다. 개종의 경험은—즉시 죄인에서 신앙인으로 거듭나는 환희를 느끼는—미국 흑인의 신앙사에서 중요한 역할을 한다.

경험에 대해 간증하는 이들이 오프라 프로그램의 근간이 되고 있다. 주제를 풀어 나가는 데 있어서, 오프라와 그 스태프들은 적합한 사연을 가진 시청자들을 찾는다. 유명인으로 활동하는 팬들, 지저분한 집에서 사는 여성들, 변신을 해 보겠다고 자원하는 여성들 등 사람들은 기꺼이 편지와 이메일을 보내고 전화를 한다. 이렇게 오프라의 웹 사이트는 매주 수천 통의 이메일로 북새통을 이룬다.

오프라의 프로그램은 방송 시간 동안 멈추는 법이 없다. 방송 시간이 끝난 이후에도 토론과 질문이 계속 이어진다. 그리고 "쇼가 끝난 후"After the Show라는 프로그램이 오프라의 소유인 옥시전Oxygen 케이블 채널에서 방영되고 있다. "쇼가 끝난 후"는 자원을 제공하고, 프로그램의 주제를 풀어 나가는 또다른 매체다.

미국 흑인의 정신적 뿌리

오프라의 영성Spirituality이 제도화되어 있지 않은 전 세계 종교들로부터 분간하여 선택한 것 같은 느낌을 준다면, 그것은 미국 흑인의 기독교에서 비롯된 것이다. 전신 기자이며, 신학과 교수이고, 루이지애나 자비어 대학의 흑인 천주교 연구소 학장인 제이미 펠프스Jamie T. Phelps는 오프라가 최신 유행을 절충하면서도 흑인 전통 영성의 중요한 요소를 의식하고 있다고 한다. 펠프스가 말하는 미국 흑인의 영성은 다음과 같다. "우리는 모두 사람인 것을 이해해야 합니다. 전체론적인 시각으로 흑인의 영성에 전반적인 관심을 갖게 되었다면, 모든 사람을 사랑하여야 합니다. 그것이 백인들을 편안하게 할 것입니다." 펠프스는 백인 시청자들이 오프라를 편안하게 느끼고, 그녀의 팬이 되는 이유를 이렇게 설명한다. "TV 저명인사가 양성되는 현상은 역사적으로나 사회적으로 흑인 여성이 인정받고 있음을 보여 준다는 것입니다." 펠프스는 덧붙인다. "오프라는 백인 어린이들의 좋은 흑인 엄마이기도 합니다."

듀크 신학교의 학장인 그레고리 존스L. Gregory Jones는 흑인 교회에서의 경험이 오프라의 근간을 이루고 있고, TV 저명인사로서의 권위를 더해 준다면서 다음과 같이 말한다. "흑인 교회를 부각시키면서 영성에 관련된 주제를 다룰 때 오프라의 신뢰도는 더욱 높아집니다. 거기에는 그녀가 다룰 수 있는 신뢰성에 대한 문화적인 확신이 존재합니다."

개인적 변화를 유도하여 공동체를 변화시키려는 오프라의 의도는 더 넓은 공동체로 개인을 유도하려는 오프라 특유의 방법이다. 분리란 있을 수 없으며, 개인적인 완벽함도 혼자 찾아지는 것이 아니다. 개인적인 개선은 더 나은 공동체를 낳는다. 개인의 영적인 삶과 회복된 삶은 공동체와 공동체의 부흥으로 나타난다. 전통적인 흑인 교회는 공동체의 아픔을 토로하고, 공동체의 결합을 표명하며 개인적·사회적 영적 자유의 피난처가 되었다.

펠프스는 "공동체를 염려하여 능력을 펼치시는 하나님과 개인적으로 맺는 관계가 있습니다. 그것은 개인적인 '경건해짐'을 뜻하는 것이 아니라 공동체와 올바른 관계를 맺는 것입니다."라고 말한다.

만약 오프라가 신학을 할 수 있다면, 그것은 실제 사연을 다루는 신학일 것이다. 어떻게 살 것인가에 대한 자신의 논지를 이해시키기 위하여 예화를 활용하는 종교 지도자들처럼, 오프라도 예화를 활용한다. 그녀는 자신의 북 클럽 소설, 초대 손님의 일화, 자신의 경험담 등의 예화를 활용하여 가치를 가르친다. 책이든 일대기든, 예화는 무엇인가 배울 수 있는 기회를 제공한다. 오프라는 초대 손님에게 "여기에서 무엇을 배웠습니까?"라는 질문을 후렴구처럼 묻는다. "어떻게 하시겠어요? 정죄할 건가요? 용서할 건가요?" 이렇게 그녀는 청중들 사이에 들어가 수사하듯 묻는다. 이러한 과정으로 사람들은 자기가 들은 이야기를 내면화시키게 되는 것이다. TV에서 본 이야기는 잘 잊혀지지 않으며 이해하기도 쉽다. 이야기를 하며 풀어 나가는 것은 오래된 기법이며, 책을 무척이나 좋아하는 오프라도 그것의 힘을 잘 알고 적절히 활용하고 있다.

간추린 전체 내용 목록

영적인 면을 절충한 현실적인 미국인의 모습으로 오프라가 영향력을 발휘하며 정신적인 스승이 될 수 있는 10가지 이유를 이제부터 살펴보려고 한다.

1. 너무나 인간적인 오프라

그녀 역시 다이어트와 같은 인간적인 유혹과 싸우고 있다. 여타 종교 관련 인물에서는 찾아보기 힘든 독특한 캐릭터다.

2. 역경의 실체를 인정하고 극복하려는 오프라

그녀의 격려로 많은 이들이 성적으로 학대당하고 희생자가 된 사연을 고백할 수 있었다. 1989년 뉴욕에서 센트럴 파크를 조깅하다 무자비한 공격을 당한 후, 여러 해 동안 '센트럴 파크에서 조깅하던 사람'

으로 불리며 도시형 범죄의 표본으로 알려진 여성, 트리샤 마일리^{Trisha Meili}가 침묵을 깨고 2002년 오프라와 인터뷰를 하였다. 또한 오프라는 2001년 9월 11일 테러 사건을 프로그램 특집으로 다루어 이해하고, 맞서 대응하며, 치유하자는 내용을 강조하였다. 9·11 테러 사건 이후 6개월이 지났을 즈음 추모 방송을 하였는데, 세계무역센터^{World Trade Center} 사건 당시 생존자이며, 심각한 화상의 희생자였던 로렌 매닝^{Lauren Manning}을 초청하였다. 고통은 되살아났지만, 그것에 대해 말하고 생존자들의 회복을 살피는 것은 도움이 될 만한 것이었다.

3. 공동체를 활용하는 오프라

그녀의 웹사이트^{www.oprah.com}에 로그인을 하면 게시판 및 수백 개 관련 그룹으로부터 정보를 얻을 수 있다. 서점에 가면 오프라 북 클럽의 로고가 붙어 있는 책을 발견할 수 있으며, 그 책을 읽고 있는 많은 이들을 만날 수 있다. 「오프라 매거진」을 정기 구독할 수도 있으니, 당신은 똑같은 조언 칼럼을 읽는 약 300만 인파와 함께할 수 있는 것이다.

4. 자기 성찰에 힘쓰는 오프라

전통주의자들은 자기 반성을 양심의 검증이라고 부를 것이다. 매일 체크할 수 있는 시험^{Examen}(양심을 점검하는 시험 – 역자주)은 기독교인들의 영적인 개발을 위한 (하나의) 도구이다. 오프라는 이것을 '묵상 메모'라고 부르기도 하며, 그녀의 잡지에서는 "고민해 보아야 할 것"이라는 제목으로 생각해 볼 만한 질문을 제시하는 특집란을 만들기도 하였다.

5. 감사함을 가르치는 오프라

바울은 "아무것도 염려하지 말고 다만 모든 일에 기도와 간구로, 너희 구할 것을 감사함으로 하나님께 아뢰라"(빌 4 : 6)고 말하였다. 오프라는 사람들에게 매일 감사함을 느낄 수 있는 일이나 사건을 기록하는 감사 일기를 쓰면서 구하는 것을 적으라고 독려한다. 듀크 신학교의 존스는 말한다. "감사 일기를 쓰는 것은 이미 형성된 영적인 삶의 보충물 역할을 하는 아주 좋은 생각이다."

6. 상황을 단순화시키는 오프라

그녀는 상황을 단순화시키고 말을 많이 하지 않는다. 오프라의 프로그램에서는 '초교파적으로', '성서에 입각하여' 등의 종교적인 어휘를 들을 수 없다. 「오프라 매거진」의 "내가 확실히 아는 것"이라는 고정 칼럼은 문체가 간단명료하지만, 그녀의 경험담과 그에 대한 사색으로 가득 차 있다. 오프라는 그녀가 수년간 쌓아 온 신뢰를 바탕으로, 대화 중에 끼어들고, 요약하고, 강조하고, 권고하며 상황을 단순화시킨다. 오프라의 영향력을 연구한 사람들은 그것을 "도덕적 자산"이라고 부른다.

7. 경청하는 오프라

들어 준다는 것은 바람직한 삶에 도움이 된다. 가톨릭에서는 이것을 제도화시켰는데, 일반적으로는 고해성사로 불리고, 공식적인 용어로는 화해성사로 알려져 있다. 충직한 자기 변화를 전제로 스스로의 결정을 고백하도록 하는 12단계 프로그램에 이와 동일한 원리가 활용되고 있다. 고백, 뉘우침, 치유가 기본 틀이며, 필 맥그로우Phil McGraw 박사는 이것을 "내면화"라고 부른다.

8. 넉넉한 마음을 가르쳐 주는 오프라

오프라는 긍정적인 효과가 있는 인물들을 소개한다. 그녀와 시청자들은 오프라 엔젤 네트워크를 통하여 그들 중 일부 사람들에게 자금을 공급한다. 엔젤 네트워크는 시청자들이 수표만 쓰면 될 정도로 쉽게 자선사업에 동참할 수 있도록 한다. 또한 웹 사이트는 자원 봉사에 대한 정보를 찾을 수 있게 해 준다. 오프라는 이미 스스로 수백만 달러를 기부하였다.

9. 용서에 대하여 탐구하는 오프라

그녀는 용서를 생존의 도구로 여긴다. 그녀는 범죄 현장에서의 생존자들(사랑하는 사람을 잃거나 피해를 입고 살아 돌아온)과 주기적으로 대화를 나누며, 몇 년 후에 그들의 발전 상황을 점검한다.

10. 알림 서비스를 하는 오프라

무엇이 선하고, 무엇이 중요하며, 사람이 무엇을 할 수 있는가를 상기시켜 준다. 정보가 넘치는 문화적 상황에서 분주한 사람들에게 무엇이 중요한지 기억하게 도와주는 알림 서비스가 필요하다. 시카고 교외 지역 병원의 소아과 간호사인 나의 남편은 환자들이 오프라라는 약을 가끔씩 복용한다고 한다. 아침 시간 병실에서는 어머니들이 아픈 아이와 함께 계속 오프라 윈프리 쇼를 시청하고 있다. 왜 오프라의 프로그램이 좋으냐고 그가 최근에 물어보았더니 어린이 안전, 인테리어 등의 유익한 정보가 많다는 대답을 했다고 한다. 늘 새로운 정보만 있는 것은 아니지만, 상기시켜 주는 것이 좋다는 것이다.

이어지는 각 장에서 이 10가지 이유는 자세히 설명될 것이다. 내가 오프라에게 집중하지 않을 때에는 내 자신이 어느 누구의 팬도 되어 본 적이 없었기 때문에, 당연히 나는 내 자신을 "오프라의 팬"이라고 부른 적이 없었다.

종교적인 작가로서 나는 '팬'과 '광신자'라는 단어를 불편하게 여겼을 뿐만 아니라 아예 그런 용어들을 회피하기도 하였다. 나는 오프라가 하는 일에 왜 많은 사람들이 열광하는지 알고 싶어서 이 책을 쓰게 되었다. 오프라의 프로그램을 한동안 시청하였고, 오프라의 잡지를 읽어 보았으며, 그녀를 유난히 비난하는 사람들뿐만 아니라 무척 좋아하는 사람들과도 이야기를 나누었다.

나는 가치에 관한 미국인들의 대화에서 유능한 사회자는 어떠한 역할을 하는지 알고 싶었다. 종교적인 작가로서 나는 문화적인 전쟁 가운데 가치 개념이 대중의 정치적 용어(가족 가치, 도덕 가치 등)로 활용되는 것을 수년 동안 보아 왔다. 믿음의 사람으로서 나는 '가치'와 '미덕'을 동일시하고 싶다. '미덕'은 가치에 대한 대답이 현대의 정치적인 격렬한 말다툼보다 더하다는 것을 내게 상기시켜 준 용어이다. 우리가 어떻게 살아야 하는지에 대하여 종교가 가장 잘 공급해 온 유서 깊은 가르침의 보고(寶庫)가 있음을 나에게 알려 준 단어가 미덕이었다. 미덕은 '감사', '관용', '연민'처럼 행동하는 가운데 드러나는 인격적 품위이다.

'가치'라는 단어가 오늘날 부정확하게 사용되고 있지만, 그럼으로써 한 가지 이점은 있다. 가치라는 것이 반드시 종교에만 국한되지 않는다는 것이다. 오늘날 점점 많은 사람들이 '가치'라는 단어가 "영적이지만 종교적이지 않다."고 이야기한다. 조직화된 종교의 어두운 면을 목격함으로 인해 변색되었기 때문이다. 역사는 종교의 자애로움뿐만 아니라 잔인함도 기록하여 담는다. 따라서 오늘날 '가치' 라는 단어는 보수 온건파의 정치적 노선을 알리는 용어로 쓰이게 되었으며, 더 포괄적인 의미를 갖게 되었다. 그래서 이제는 신앙이 굳건하든 약하든, 한 사람의 중요한 가치관을 나타내는 단어로 쓰이고 있다.

이것이 오프라에게 꼭 맞는다. 그녀에게 중요한 것들과 그녀가 우리 모두에게 중요한 것이 되기를 바라는 것들, 오프라는 그러한 가치들에 대하여 이야기한다. 오프라가 종교적인 인물은 아니지만, 그 가치들은 신앙에 근거하고 있으며, 오프라 자신 역시 신앙으로 다듬어져 왔고 스스로 자신을 변화시켰다. 시간이 지나는 동안 외모도 변화했지만, 그녀가 하는 행동에는 일관된 핵심이 있다. 그녀 스스로 가치의 모범이 되고, 미적 관념을 형성하는 자이며, 연예인이라는 것이다. 이 세 가지 역할은 늘 함께 작용한다. 재미있지 않다면, 사람들은 그녀의 말을 경청하지 않을 것이다. 문화적인 기본 주제와 미적 관념을 잘 안내하면서 본격적으로 다루지 않았다면, 그녀의 영향력이 이렇게 크지 않았을 것이다. 오프라는 종교적으로 초자연적인 현상을 이 세상의 고무적인 일로 바꾸어 놓는다. 오프라에게 이것은 가능성 그 자체다. 미국은 여러 신앙이 존재하는 국가이므로, 그녀는 비종교적이면서도 포괄적인 개념으로 가치를 언급할 수 있는 자신만의 독특한 언어를 개발하려고 노력한다.

근본적으로, 종교 역시 가능성에 대한 비전을 제시한다. 우리로 하여

금 보다 나은 선행을 베풀 수 있도록 돕는 조직적인 방법으로 확립된 것이기 때문이다. 어떤 사람들은 이것을 지나치게 감성적이라고 생각하거나 삶의 의미를 발견하기 위하여 종교보다는 다른 길을 추구하려 한다. 하지만 이러한 비전은 많은 사람들에게 매일 살아가는 이유를 제공한다.

    2005년 4월, 클리블랜드의 올리벳 기관 침례교회 Olivet Institutional Baptist Church에서 오프라는 TV 카메라 촬영 없이 설교단에 있었다. 그녀는 그곳에 모인 2,000여 명의 사람들에게 자신의 삶에 가능성을 가져다주신 하나님에 대하여 이야기하였다. 10대 초반 그녀의 미래는 유난히 가망이 없는 것 같았고, 어느 순간 그녀는 소년원으로 향하고 있었다. "세상은 나에게 '너는 가난하고, 유색 인종이며, 여자일 뿐이다.' 라고 말했지만 하나님께서는 나를 위한 또다른 비전을 가지고 계셨습니다"(미주 3). 하나님을 믿는 오프라 자신의 믿음이 자신의 가능성에 대한 비전을 제시하였다. 오프라는 그 소리를 명확히 들었던 것이다.

1장
너무나 인간적인 오프라

Oprah Is Very Human

오프라 윈프리 쇼를 시청하지 않거나 오프라의 활동을 잘 모르는 사람일지라도, 많은 사람들이 오프라를 선을 베푸는 일에 큰 영향력을 지닌 사람으로 여기거나, 그녀를 믿을 만하고, 말 붙이기 쉬우며, 그들이 알고 싶어 해도 좋을 만큼 더할 나위 없는 사람으로 생각한다. 그녀는 인간적 진실성에 대한 위상과 평판이 좋으며, 그녀 자신의 단체를 세울 수 있는 수준에 도달하였다. 그녀는 영향력을 행사하고, 눈에 보이는 여론을 형성한다. 그녀는 영향력이 있을 뿐만 아니라 영향력을 미치는 다른 많은 사람들과는 달리 인간적인 면모를 가지고 있다.

특별히 그녀는 완벽해야 할 필요가 없기 때문에, 많은 종교 지도자들이 꺼릴 수 있는 영적인 문제들에 대해 거리낌 없이 이야기할 수 있다. 그녀

는 실수를 하기도 한다. TV 전도사부터 주교에 이르기까지 종교 지도자들에게는 그러한 실수의 여지가 없다. 조직화된 종교 안에서 어린이 성범죄, 재정적 사기, 성적 무분별함에 대한 스캔들은 조직화된 종교와 종교적 지도자에 대하여 주기적으로 회의론과 냉소주의까지 불러일으킨다. 이와 달리 오프라가 스스로 인정한 실수들이 덜 심각하긴 하지만, 오프라에게는 넘어지고 자신을 다시 일으켜 세우고 재차 시도할 여지가 있다. 그녀가 추구하는 것은 개선이지 완벽함이 아니다. 선천적으로 여러 가지 점에서 결함과 한계를 가지고 태어나는 인간의 본성에 대한 종교적 이해와 일치하는 면에서, 오프라는 문자 그대로 자신의 불완전함으로 이익을 얻는 결함 있는 인간이다. 오프라가 가지고 있는 결함은 우리와도 관련이 있다. 정상 체중보다 10파운드나 더 나감직한 불만족스러운 하체 또는 다른 신체적 결함들이 그것이다. 인간관계의 어려움, 마음에 안 드는 헤어스타일, 고쳤으면 하는 성격상의 단점 등도 있다. 만약 오프라가 실수나 실패를 하지 않았다면, 지금의 그녀는 없었을지도 모른다. 사회학자인 에바 일루즈 Eva Illouz는 이렇게 썼다. "오프라의 성향은 실패에도 불구하고가 아니라 실패 덕분에 드러나는 듯하다. 오프라 윈프리는 자존감의 부족, 성적인 학대, 과체중, 실패한 사랑 등 대부분의 평범한 여성들을 괴롭히는 문제들을 모두 자신의 것으로 제시한다"(미주 1). 오랫동안 오프라와 일을 같이 했던 제프 제이콥스 Jeff Jacobs는 「엔터테인먼트 위클리」 Entertainment Weekly에서 다음과 같이 말한 적이 있다. "오프라가 자신의 결함을 보여 주는 데 망설이지 않으므로 그녀도 자주 실수할 수 있음을 사람들이 이해한다. 따라서 모든 계층의 사람들이 자신과 오프라를 동일시하고 싶어하는 것이다"(미주 2).

아무리 성가신 문제라도 오프라는 그것을 활용한다. 그녀는 우리의 불행을 행복으로 바꿀 수 있는 방법을 알려 준다. 그녀 자신이 실패를 극복하여 오늘날 성공했기 때문이다. 시작은 초라하였지만, 현재 백만장자의 위치에 이르게 된 그녀의 사연은 유명하다. 오프라 윈프리 쇼가 방송되는 세계 여러 지역에서 아메리칸드림 American dream을 추구하는 이들에게 오프라의 인생 이야기가 울려 퍼지는 것이다. 그녀가 시청자들과 나누는 자서전적 이야기나 개인의 일상사는 고해성사와도 같다. 그녀의 인간적인 단점이 드러나지만, 부족한 자기 절제와 불가피한 실수로 빚어진 약점을 고백함으로써 그녀는 성실한 이미지를 만들어 낸 것이다. 그녀는 유혹을 이기지 못한 하와와도 같다. 1986년 오프라 윈프리 쇼가 전국 방송을 시작한 직후에, 오프라는

TV 뉴스쇼 "60분"[60 Minutes]에서 마이크 월레스[Mike Wallace]에게 이렇게 말하였다. "제가 모든 사람들과 기꺼이 의견을 나누는 이유는, 저 역시 다른 여성들과 다를 바 없이 만성적인 결함을 가지고 있기 때문입니다. 계속 다이어트 중이구요. 남자에게 당한 적도 있습니다. 누구든 저와 감정이입을 할 수 있을 것입니다. 이렇게 말하는 게 두렵지는 않습니다"(미주 3).

당신이 보는 앞에서

감상력이 풍부한 오프라는 책 한 권의 분량도 넘을 만한 자신의 체중 감량 모험담을 다양하게 변형하여 활용한다(미주 4). 그녀가 이야기하는 것을 눈으로 확인할 수 있으니, 믿음이 갈 것이다. 세월의 흐름 속에 사람들은 변화를 시도하며 성공하기도 하고, 실패하기도 한다. "2보 전진 1보 후퇴"하는 드라마틱한 경험도 한다. 오프라가 TV에 출연하는 동안, 그녀의 체중은 100파운드 범위까지 오락가락하였다. 1988년 유동식 다이어트로 체중을 감량하여, 같은 해 11월 5일 프로그램에서는 감량한 67파운드만큼의 동물 지방을 실은 빨간 수레를 끌고 무대에 나타났다. 그것으로 끝나지 않았다. 계속 체중 감량을 해야 하는 상황에서 오프라는 또다른 방송 소재를 찾았던 것이다. 그녀는 효과적인 프로그램과 변화를 줄 수 있는 주제를 개발하였다. 체중 감량을 위해 "팀플레이를 하라"는 슬로건은 오프라의 개인 트레이너인 밥 그린[Bob Greene]과 함께 추진되었으며, 1990년대 중반의 TV 프로그램에서 검증되었다. 또다른 시도는 다소 심리학적이었다. 감량된 체중이 지속되지 않는 이유를 심리학적으로 풀이한 오프라의 프로그램, "먹는 것은 감정적인 활동이다"를 보면 우리가 왜 먹어야 하는지 이해할 수 있을 것이다. 오프라의 체중 감량 일기는 개인 요리사를 개입시키는 또다른 기법이었다. 체중 감량 방법은 영원한 방송 소재였으며, 노력하는 인간으로서 오프라의 대중적 이미지를 확립하는 계기가 되었다.

오프라는 과체중이다. 오프라의 체중은 우리의 살이 정도의 차이가 있을 뿐 고깃덩이나 다름없음을 알게 해 준다. 그녀는 인간다움을 잃지 않기 위하여 계속 체중 조절에 실패해야 할지도—체중 감량 과정을 다시 보여 주거나 또다른 실패를 경험하기 위하여—모른다. 오프라는 체중을 지나치게 감량할 수도 있고, 늘릴 수도 있을지 모른다. 게다가 그녀는 매우 부자라서 보통 사람들과 일치점이 없을 법도 한데, 결점을 극복하는 모습을 보여 주며 대중에게 다가가고 있는 것이다.

오프라에게 실패는 유용하다. 그녀가 투쟁하고 극복하는 또다른 삶의 이야기가 될 수 있기 때문이다. 그래서 오프라는 덜 실패하고 많이 성공하여야 한다. 이런 일이 일어날 수도 있음을 보여 줄 뿐만 아니라 많은 경우, 극복 방법도 배울 수 있다. 예를 들어 체중 감량을 위한 오프라의 신병 훈련소를 소개하며, 닥터 필Dr. Phil이나 오프라의 상담 전문가 중 한 명에게 자문을 구할 수 있으니 심사숙고하여 변화를 시도하라고 이야기하며 클럽 가입을 권고한다. 오프라는 당신의 눈앞에서 변화가 가능함을 증명해 준다. 실패를 하면 문제를 해결하지 못한 것에 대한 긴장감과 부작용을 겪을 수 있고, 쓰디쓴 현실이 기다리고 있을 수도 있으나, 오프라는 늘 성공적인 변화에 집중한다. 물론 해결되는 문제도 있고, 재발하는 문제도 있을 것이다.

체중 감량의 문제와 유년기의 성폭행. 오프라는 방송 일을 시작할 때부터 이 두 가지 개인적인 문제를 명백히 공개하며 무대에 올랐다. 이 문제가 오프라에게 많은 소재를 제공해 주었고, 많은 이들이 그녀와 같은 경험을 하였다. 1986년, 오프라 윈프리 쇼가 전국 방송을 시작했을 때, 그 두 가지 문제는 반복적으로 상세히 다루어졌다. 1986년 11월 10일, "가족 내의 성범죄"라는 프로그램에서 오프라는 다음과 같이 말하며 방송을 시작하였다. "친척에게 성폭행을 당했던 저의 개인적인 경험에서 말씀드립니다. 제가 그 일을 겪었을 때는 아무에게도 이야기할 수 없었습니다. 내 잘못인 것 같았거든요." 그 후 오프라는 두 여성과 그들을 성폭행한 아버지들을 세 명의 전문가와 함께 인터뷰하였다. 청중과 전화 제보자도 의견을 말할 수 있는 형식의 프로그램이었는데, 이날 모든 사람들이 각자의 비슷한 경험에 대하여 이야기하였다. 그 초창기 프로그램의 형식은 20년이 지난 지금에도 활용되고 있다. 프로그램에서 오프라는 자기 고백적이고 개인적인 발언을 하였고, 평범한 사람들끼리 경험을 공유하기도 하였다. 긴 인터뷰로 프로그램을 시작하여, 프로그램의 요점을 언급하며 결론을 제시한다. 도움이 되는 정보를 제공하며, 오프라의 감사 인사로 프로그램을 끝맺었다.

오프라는 동떨어져 있는 존재가 아니다. 개인적인 경험을 기반으로 정보를 제공할 뿐만 아니라 공공연하게 감정도 표출한다. 슬플 때는 울고, 열정을 퍼뜨리며, 청중들을 즐겁게 해 주는 역할로 방송을 시작하는 것이 얼마나 좋은지 표현하는 것이다. 생동감 있는 오프라의 말이 그녀의 메시지를 눈에 띄게 한다. 1996년, 광우병에 대한 정보를 접한 오프라는 흥분하면서 "이제 햄버거는 더 이상 못 먹겠어요."라고 말하였다. 이 말을 들은 육류 업계 관계

자들이 대중에게 전달될 파급효과를 우려하여 소송을 걸었으나, 결과는 오프라의 승리였다. 문제에 대처하는 그녀의 적극성은 뉴스를 방송하던 초창기 경력에서 비롯된 것이다. 일반적인 언론인은 사건에서 떨어져 있고, 감정을 표출하지 않는다. 그러나 전기(傳記) 작가인 조지 메이어^{George Mair}는 1976년 볼티모어에서 뉴스 앵커로 활동할 무렵부터 오프라가 그들과 달랐다고 한다. "오프라는 연민 없이 살인이나 성범죄, 상해 사고를 보도한 적이 없습니다. 참사의 희생자들에 대한 그녀의 감정이 TV에 드러났지요. 비극적인 사건에 마음을 많이 쏟기도 하였습니다"(미주 5).

　　오프라는 1976년 ABC 방송국에 채용되어 공동 진행자였던 여기자 바바라 월터스^{Barbara Walters}를 본뜨기보다는 그녀 자신의 모습을 그대로 유지하면서 그것이 더욱 성공할 수 있는 길임을 깨달았다고 회고한다. 지도자들에게 개인적이고 정책적인 질문을 모두 할 수 있었던 월터스는 오프라가 따르고 눈여겨보았던 여성들을 인터뷰하겠다는 예고편을 내보낸다. 오프라가 뉴스에서 보도했던 별 쓸모없었던 것들은 훗날 그녀의 프로그램에 큰 자산이 되었다. 경청한 후, 신속한 재치나 준비된 감정 표현으로 반응할 수 있는 오프라의 능력이 그녀를 눈에 띄게 하였고, 결국은 믿을 만하고 '실제적인' 그녀의 특징을 만들어 내었다. 다양한 분야의 사람들을 인터뷰하고, 다양한 주제를 제시하면서 오프라는 15년이 넘게 그녀의 공적인 이미지를 계속 개발하고 다듬는다. 그러나 지루해하는 기색 없이 주의 깊게 경청하는 모습은 그대로 유지되고 있다.

여기요, 우리 수다쟁이 친구들

여학생처럼 친근하게 자신감을 심어 주는 오프라의 말투는 독특하다. 그녀가 자기 고백적으로 대화할 때는 자신의 사생활도 언급한다. 그래서 오프라의 오랜 남자 친구인 스테드먼 그레이엄 Stedman Graham과 그의 가장 친한 친구인 게일 킹 Gayle King은 잘 알려져 있다. 오프라의 프로덕션 직원들은 그녀가 인터뷰하는 모든 이들에 대하여 정보를 제공하여 준다. 오프라의 전문 영역을 존중하면서 서로 협동하는 것이다. 오프라가 좋아하는 물건이나 책을 소개할 때는, 그녀와 친해지고 싶어하는 사람들의 마음을 담아서 설명한다. 수많은 이야깃거리―비밀스러운 것에서부터 개인적인 성장 과정에 이르기까지―도 그녀를 당신의 친구처럼 보이게 한다. 오프라가 방송하는 모습은 이렇게 호감을 주고 있는 것이다.

「당신은 단지 이해하지 못할 뿐이다 : 남녀의 대화」You Just Don't Understand : Women and Men in Conversation를 저술한 데보라 탄넨 Deborah Tannen은 남녀 간의 조화로운 대화를 조언하는 유명한 언어학자다. 그는 타임지 Time에서, 비밀을 털어놓고 대화의 흐름을 장악하며 여성들 간의 수다와 비슷한 오프라의 화법을 언급한 적이 있다. "학생들이나 성인이나 비밀을 공유하는 것에서부터 여성들의 우정이 시작됩니다. 자신의 비밀을 스스로 이야기하는 것에서부터 오프라의 장악력이 나오는 것입니다"(미주 6).

TV에서 오랫동안 오프라를 지켜보며, 소설 속의 등장인물에 감정이입이 되는 것처럼, 내 자신이 그녀와 친해지고 있음을 알게 되었다. 감기 걸린 오프라가 신경 쓰이고, 내가 정말 싫어하는 것을 오프라가 언급하면 실망스럽고, 오프라가 중요한 것을 잘 꼬집어 말하면 기분이 좋아 같이 웃게 되고, 외도한 남편이나 도박 중독에 대한 질문을 퍼부으면서 "아직 다 안 끝났어요."라고 말할 때는 꼭 내 마음을 읽어 주는 것 같았다. 내가 보고 듣지 못한 것에도 스스로 동참하고 있었다. 제이미 폭스Jamie Foxx와 강간 사건 피해자인 콩고 여성에 관한 이야기는 내 마음에 들지 않았지만, 나와 다른 입장에서 이해해 보려고 노력하였다. 보이는 것에만 치중한다면, 오프라는 매일 끊임없이 변화하는 만화경과 같다.

TV와 컴퓨터를 자주 이용하지 않을지라도, 오프라가 권하는 선물을 구입하는 사람이 아닐지라도, 극작가나 배우, 초대 손님인 타일러 페리Tyler Perry는 오프라를 "낯설지만 친근한 존재"라고 묘사한다. 잘 모르지만 믿을 수 있는 존재라는 것이다.

오프라는 미국의 상징으로 불리고 있다. 타임지Time에서 선정한 "영향력 있는 100인"의 2005년 리스트에 "상징적인 여주인공" heroes and icons 항목으로 오프라가 등재되었다. 그녀의 외모는 독특하며 상품성이 있어서 기억하기 좋다. 종교적인 가르침이나 신성의 의인화, 쉽게 집중하게 만드는 데에는 상징이 유용하게 활용된다. 초월적인 존재를 인간화시켜서 이해도와 연관성을 높이는 것이 상징의 역할이다. 「오프라 매거진」은 표지 모델을 구할 필요가 없다. 오프라 자신이 직접 표지에 나타나기 때문이다. 그러나 잡지 진열대에서 오프라의 얼굴은 상징적인 흡입력이 있다. 친근하기 때문이다. "저는 여러분과 똑같은 여자입니다."라고 오프라가 강조하여 왔기 때문이다. 자신을 보면서 있는 그대로의 당신의 고민거리를 떠올려 보라고 자신만만하게 권하고 있다. 모든 이가 「오프라 매거진」을 구입하는 것은 아니지만,

수백만의 독자가 있다. 수많은 독자들은 이 정도로 확고한 이미지까지는 아니더라도, 자신들만의 인간적인 장단점을 바라보게 되어 있는 것이다.

2장
역경의 실체를 인정하고 극복하려는 **오프라**

Oprah Acknowledges Suffering and Wants to Relieve It

    선한 사람들이 불행한 일을 당하면 이렇게 자문한다. "이런 일(집단 학살, 쓰나미, 암 등)이 일어날 때 하나님은 어디에 계셨을까?" 이 물음은 욥이 환난을 겪기 이전부터 있어 왔다. 성경 속의 욥 이야기는 고난을 영적으로 강력히 대응하는 내용이다. 불교에서도 사성제(四聖諦)에서 '고난'에 대해 이야기하고 있다. 이와 같이 종교는 알 수 없는 고난에 대하여 몇 가지 답을 제시한다.

    오프라가 언급하는 주제 중의 하나는 고난이다. 그중 하나는 가족 내에서의 성범죄이고, 특별히 어린이 성범죄에 집중한다. 오프라의 어릴 적 경험이기도 하였으므로, 1986년 전국 방송 이후 오프라 윈프리 쇼에서 자주 다루어진 주제다. 그녀의 방송은 여러 가지 형태로 고통을 다루며 경감시켜 주

려고 노력한다. 이러한 이유로, 다른 이들의 힘든 상황을 이용하여 이득을 취한다고 오프라를 비난하는 비평가들도 있다. 그러나 그녀의 일관된 목표는 그녀 개인에게 있는 것이 아니라 모든 상황을 좋게 만드는 것이다. 오프라는 역경을 다룰 때 그 원인을 찾아 주고, 대답해 주려 한다. 실제로 이것은 종교적인 방법이기도 하다. 이와 같은 방법으로, 오프라는 그녀의 프로그램에 참여하는 사람들이 단순히 관음증 환자처럼 보는 것만으로 만족을 얻으려는 것이 아님을 증명하며 해답을 제시하고 위로를 나눈다.

  TV는 사람들이 자문을 구하는 매체 중의 하나다. TV에는 종교적이고 영적인 주제도 많다. "서서 설교만 하는 자들로부터는 의미 있는 시스템이 나오지 않는다." 신앙매체와 대중매체를 연구하는 웨인 톰슨^{Wayne Thompson}의 말이다. "그런 의미에서 TV는 가장 중요한 매체다." 오프라가 세상 사람들에게 접근하여 감동시키는 데 사용하는 TV라는 대중매체는 어떻게 역경을 헤쳐 나가야 하는지 보여 준다. 그녀는 설교할 필요가 없는 것이다.

"크리스마스 선행"이라는 프로그램을 만들기 위하여 오프라는 2002년 남아프리카로 향하였다. 2003년 방영되고 난 후, 2004년 후속 프로그램이 있었는데, 그때 크리스마스 프로그램은 에이즈에 걸린 남아프리카 고아들에 대한 내용으로, 오프라가 시청자들에게 공개적으로 도움을 요청하였다. "우리를 너무나 필요로 하는 이들이 있음을 여러분께서 아셨으면 좋겠습니다. 오늘 이 방송을 보는 이들의 도움을 기다립니다." 2003년 방송에서는, 2002년 오프라 엔젤 네트워크를 통하여 모금된 700만 달러가 쓰인 남아프리카 학교와 사회 프로그램을 다루었다. 2004년 방송에서는 가수 앨리샤 키스^{Alicia Keys}와 배우 브래드 피트^{Brad Pitt}가 출연하여 의약품을 지원하였다. 브래드 피트는 녹화분으로 출연하였지만, 앨리샤 키스는 오프라와 직접 이야기를 나누었으며, 아프리카인들에게 에이즈 의약품을 지급하는 비영리 재단 Keep a Child Alive에 수표 25만 달러를 지급하였다. 당시 앨리샤 키스는 사람을 돕는 것이 규모와 상관없이 어렵지 않게 할 수 있는 일이었다고 회고한다. "모두가 할 수 있는 간단한 일이었어요."

유명인이 아닌 시청자들의 자선활동도 프로그램에서 다루어진다. 어린이와 아프리카 학교를 촬영한 사진작가로서 오프라의 아프리카 여행에 관여한 캘리포니아의 어느 영화 제작자는 "많은 영감을 얻은 경험이었다."고 말하였다.

카메라 앞의 오프라는 함께하였던 시청자들에게 감사의 말을 전하면서 프로그램을 마무리하였다. "역경에 처한 그들은 바다 건너 사는 우리의 가족들입니다." 프로그램의 마지막 말은 비디오 속 남아프리카의 어린 학생들이 말하는 "감사해요."였다.

남아프리카를 다룬 그 프로그램에서 우리는 어려운 일에 관심을 갖고, 시청자들을 감동시키는 오프라의 모습을 볼 수 있다. 그녀에게 역경은 막연한 심리학적 문제가 아니다. 에이즈로 인하여 고아가 된 남아프리카 어린이들의 경우처럼 개인이 경험하는 특정한 상황인 것이다. 먼 나라 이야기지만, 120만 명이 에이즈 고아인 심각한 상황을 개인적인 사연으로 접하게 되면, 피부에 와 닿는 호소력을 갖게 된다. 오프라의 프로그램은 다수의 어린이들을 수용하는 사회 원조 및 교육 관련 프로그램 중 6개 단체를 선별하여 이미 활동하고 있는 이들과 다양한 해결책을 보여 주었다. 또한 남아프리카의 대주교이면서, 자선활동의 도덕적인 표본이 되고 있는 데스몬드 투투$^{Desmond\ Tutu}$와 인터뷰도 하였다. 이렇게 직접 보여 주는 오프라이기 때문에 설교할 필요가 없었던 것이다.

데스몬드 투투는 "하나님은 아름다운 사연을 원하시며, 우리가 그 이후에 어떻게 살고 있는지 알고 싶어하십니다."라고 말하였다. 투투의 덕망과 행실은 이 프로그램에 무게를 실어 주었다. 그리고 하나님의 뜻을 언급했던, 이 간단한 한마디는 사실 유서 깊고 심오한 신학적 주제다. "그 이후에 행복하게 살아야 한다."는 말을 어린 시절부터 들어 왔던 이들에게는 더욱 의미가 있었을 것이다. 1시간 분량의 프로그램이 끝나기 전에 투투와의 인터뷰가 있었다. 오프라는 감사의 말로 끝을 맺었는데, 그녀는 이 엄청난 문제에 대하여 호들갑을 떨지도 않았고, 비협조적인 남아프리카 정부나 제약 회사를 비난하지도 않았다.

사회학자인 에바 일루즈 Eva Illouz는 오프라의 TV 프로그램이 "복잡다단한 고통을 덜어 주는 사명을 지니고 있다."고 하였다(미주 1). 종교가 고통을 풀이하는 방법 중의 하나는 가치 있는 것을 회복하는 과정이라고 설명하는 것이다. 우리를 발전시키고 품위 있게 만드는 설명이다. "고통 없이 얻는 것도 없다."는 이 짧은 말도 많은 이들이 믿고 있는 심오한 종교적 진리다. 고통은 가치 있는 것을 가져다준다는 오프라의 메시지는 기독교 신앙을 접했던 성장 배경에서 비롯되었을 것이다. 십자가 위의 예수님이 당하신 고통에는 가치 회복이라는 기독교인들의 중요한 메시지가 담겨 있다. 따라서 오프라의 프로그램도 역경에 초점이 맞추어져 있으며, 그 의도가 종교적인 가르침을 연상시킬 것이다.

미국 흑인의 영성은 그들 역사의 일부였던 역경을 중시한다. 역경은 결국 피난처를 제공해 주었으며, 설명해 주었고, 답을 주었다. 그러한 역사와 영성 덕분에 오프라가 역경의 의미를 이해하게 되었을 것이다. 일루즈는 이렇게 말한다. "고난을 이해하고 견디며 세상을 해석하는 미국 흑인의 문화로부터 오프라는 인내와 자기 주도와 견고한 자아를 배운 것이다"(미주 2).

오프라를 만들어 낸 미국 흑인의 영적이고 문화적인 전통에서는 고통을 단순히 사적이고 개인적인 문제로 치부하지 않으며, 공동체의 경험이라고 이야기한다. 자비어 대학의 흑인 천주교 연구소 총책임자인 제이미 펠프스 Jamie T. Phelps는 "그래서 공동체가 중요한 것이다. 공동체는 당신을 돕고, 양육하고, 당신이 살아갈 수 있게 해 준다. 그 보답으로 당신은 다음 세대에게 그렇게 하면 되는 것이다."라고 말하였다.

미국 흑인의 영성에는 다른 이들을 발전시키기 위하여 받은 것을 되돌려주어야 한다는 강력한 의무감이 있다. "당신이 발전하면 당신의 친족들도 발전해야 한다."고 펠프스는 이야기한다. 개인이 변화하면 공동체가 변화된다. 그래서 개인의 변화가 사회의 변화로 이어질 수 있는 것이다.

나만 가까스로 살아남아서, 이렇게 말하러 왔습니다

성서 속의 천사는 욥의 가족들이 겪고 있는 재난이 생명의 상징이라고 이야기한다. 고난을 극복한 사람들은 회복에 대하여 이야기할 수 있는 사연이 있다. 리얼리티 TV 쇼의 시조 격인 "서바이버" Survivor의 팬들에게 물어보면, 이러한 사연들은 호기심을 유발하고, 간접경험을 제공하여 궁극적으로 확신을 준다고 이야기한다. 해결해야 할 문제로 긴장감을 고조시키는 이 이야기들은 TV에 맞추어져 기승전결이 신속하다는 특징이 있다. 고난을 극복한 사연은 극도로 긍정적이고 확신이 있다.

생존자들은 강력하고, 패기 있으며, 재치 있고, 기발한 이미지로 자주 영웅화된다. 그러나 오프라는 이러한 방식에 대하여 냉소적이다. 그녀의 영웅들은 매일 만날 수 있는 평범한 사람들이다. 기발한 결정을 내린 것도 아니고, 장기 기증을 하는 보기 드문 인물들도 아니며, 선생에게 칼을 휘두르는 괴한을 저지한 고등학생도 아니고, 투견으로부터 2살짜리 아기를 구한 이웃도 아니다. 오프라는 '일상적인 모습의 영웅'을 추구하고 탐구한다.

오프라의 복음을 이루는 생존자들이 늘 영웅이기만 한 것은 아니다.

오프라 프로그램의 초대 손님이나 대부분의 시청자들은 일상적인 인물들이다. 그러나 그들은 일상적이지 않은 사건들을 경험한다. 오프라는 그 속에서 교훈을 발견하고, 그것을 다 같이 나누자고 강력히 부탁한다. 그들의 고백은 실제 간증이기 때문에, 발전적인 토의도 가능해진다. 힘들게 얻은 깨달음으로 비슷한 상황에 처한 다른 이들을 도울 수 있다. 2004년 9월 30일 "이 프로그램 덕분에 살아났어요"라는 제목의 방송에서, 대학을 다니는 한 여성은 오프라와 시청자들에게 성범죄의 위험에서 벗어난 경험담을 이야기하였다. 같은 날에 방송된 비슷한 사연을 시청한 것이 큰 도움이 되었던 것이다. 이와 같이, 개인적인 경험은 공동체의 지식을 향상시킬 수 있다.

오프라의 방송이나 자서전을 통하여 이미 알려진 대로, 그녀는 고난을 당하는 어린이들에 대하여 많이 염려한다. 남성 친척에 의하여 성폭행을 당한 경험이 오프라의 삶에 결정적인 영향을 주었고, 그녀는 그것을 프로그램의 중요한 주제로 승화시켰다. 1986년 11월 10일에 방영된 "가족 내의 성범죄"라는 제목의 프로그램은 그녀가 전국 방송을 시작한 지 2개월 만에 방영되었다. 1990년 5월 21일 "트루디가 다중 인격자를 추적하다"라는 프로그램은 유년기 성폭행의 결과로 92개의 다중 인격을 갖게 된 여성에 대하여 방송하였다. 2004년 10월 1일 "나는 성범죄자를 쏘았다"라는 프로그램에서는 성범죄자와 성범죄자의 의붓딸인 희생자 모두가 출연하여 딸이 의붓아버지에게 왜 자신을 성폭행하였는지 물어보았다. 그 프로그램의 2부에서는 자신과 두 여동생을 성폭행한 아버지를 살해하여 7년 형을 선고받은 제니스 클락 스미스 Janice Clark Smith의 사연이 소개되었다. 이 프로그램은 소설 「여자여 해방되었노라」 Woman Thou Art Loosed를 영화화시키는 데 촉진제가 되었고, 오프라가 투자자로 나섰다. 유명 작가이며 달라스 지역의 대형 TV 교회, "포터스 하우스" The Potter's House 의 제이크 T. D. Jakes 목사는 오프라의 프로그램에 출연하여, 그와 같은 주제를 담고 있는 성경 내용을 빗대어 말하기도 하였다. (누가복음의 내용은 가정 내 학대 및 폭력으로부터의 해방을 추구하고 있다.) 그때 오프라는 일부 청중들이 이 기독교적인 내용에 익숙할 것이라고 말하면서 "성서의 모든 내용은 다 읽고 나면, 그렇다고 수긍이 갈 것이다."라고 덧붙였다.

오프라의 프로그램에서는 다양한 각도로 예를 들며 성범죄와 관련된 내용을 자주 다룬다. 그녀의 프로그램은 누가 성범죄자이고, 그들이 어떻게 범죄를 저질렀으며, 성폭행을 당한 아이들에게 어떠한 일이 일어났고, 어떻게 도울 수 있는지를 보여 주려고 한다. 오프라는 이러한 방송을 내보내는 이유에 대하여 명확히 설명하면서 어린이 성범죄자와 그 희생자는 면식이 있는 경우라고 청중들에게 반복하여 이야기한다. 성범죄와 관련된 오프라 프로그램의 방송 내용들은 공적인 사건의 기록을 참고한 것이다. 사실에 입각한 정보가 정서적인 이야기와 혼합되는 것이며, 때로는 교육적인 목적으로 재구성된 방송물을 활용하기도 한다. 예를 들어 "이런 행동을 하지 마라.", "이런 종류의 실수는 하지 마라.", "분위기를 잘 읽어라." 등의 내용이다.

어린이 성범죄는 오프라가 직업을 걸고 심각하게 치중하는 내용인 반면, 전 세계적인 역경을 다룰 때는 사람들이 부담 없이 접근할 수 있도록 구성한다. 2004년 12월 2일에 "전 세계와 악수한 어린이들"이라는 제목으로 방영된 프로그램은 심각한 분쟁이나 사회적인 문제에 직면한 어린이들의 얼굴을 담은 사진을 보여 주었다. 일찍이 이 프로그램에서 오프라는 핵심을 반복하여 언급하였다. "우리 각자에게는 일생을 통틀어 가장 중요하며, 깊이 뿌리내린 희망이 있을 것이라 믿습니다." 그 프로그램은 1984년에 촬영된 에티오피아 소녀 비르한 월두$^{Birhan\ Woldu}$의 사연을 다루었는데, 아프리카 국가들의 극심한 기아를 극화시켰다. 그녀는 그 당시 생존하여 현재 28세가 되었다. 비르한을 촬영하였던 CBC$^{Canadian\ Broadcast\ Corporation}$의 통신원 브라이언 스튜어트$^{Brian\ Stewart}$도 출연하였는데, 오프라는 그에게 이렇게 말하였다. "언론인이시니까 들려주시는 말씀을 많은 사람들이 경청하여 다른 시각에서 바라보기를 바라시겠지요?" 이런 말들은 오프라가 프로그램의 목적(사람들이 다른 시각으로 사고하도록 하는 것)을 전하는 방법이다.

이 프로그램은 어린이들이 겪어야 하는 여타 문제나 사건도 조명한다. 1972년 네이팜 폭탄 공격을 받고 뛰어가는 모습이 찍힌 9살의 베트남 어린이 킴 푹$^{Kim\ Phuc}$은 베트남 참전을 반대하는 미국인들에게 깊은 인상을 남겼다. 인디애나에 사는 10대 에이즈 환자 리안 화이트$^{Ryan\ White}$는 미국인들의 에이즈 교육에 대하여 투쟁하였다. 1994년 살인 사건 관련 성범죄자 공공 등록제도를 법으로 만든 메간 칸카$^{Megan\ Kanka}$의 이야기도 있었다. 중국의 어린 소녀 메이 밍$^{Mei\ Ming}$은 1995년 다큐멘터리인 "죽어 가는 사람들의 방"$^{The\ Dying\ Rooms}$에 출연하였는데, 여아를 일부러 죽이거나 유기하는 중국 정부의 고아에 관한 프로그램이었다. 그 어린 소녀는 결국 죽었고, 오프라는 다음과 같이 기도하며 프로그램을 끝맺었다. "하나님의 은총이 함께하시기 바랍니다. 어린 메이 밍의 삶이 중요했다는 것이 이곳에서 증명되었습니다." 오프라는 또한 다음과 같이 말하였다. "메이 밍은 인류의 양심을 일깨우는 이들 중의 한 명일 것입니다."

보여 주는 역경

　모든 삶이 중요하다는 내용의 프로그램은 오프라가 역경을 보여 주고 설명하는 방식을 자세히 표현하였다. 얼굴을 보여 주었던 것이 청중들의 의식을 높였고, 2002년 아프리카 여행 사역에 동참하는 의미에서 청중들은 실천으로 화답하였다. 그러나 시청률을 떨어뜨리지 않으면서 역경이라는 내용을 다루어야 했다. 오프라의 프로그램을 아무도 시청하지 않으면, 이미 친숙해진 청중들을 제외하고는 프로그램 내용의 교육적 효과가 떨어지기 때문이다. 오프라는 공통 보편적인 내용을 찾으려고 노력하였다. 멀리 떨어진 대륙의 특이한 인종의 사건으로써가 아니라 보편적인 인간미를 강조한 것이다. 「오프라 매거진」 2004년 11월 호에서, 오프라는 이렇게 말하고 있다. "크리스마스 선물을 들고 아프리카로 갔을 때, 나의 기본적인 목표는 아프리카 어린이들이 행복해하는 사랑스러운 모습을 보여 줌으로써 '아, 이 아이들도 우리 아이랑 똑같네.' 하는 생각을 할 수 있도록 해 주는 것이었다. 배가 툭 튀어나오고 눈동자에 파리가 붙은 아이들을 보면, 거리감만 느껴질 뿐이다."

　시인인 엘리엇$^{T.\ S.\ Eliot}$은 "너무나 사실적인 것은 견디지 못하는 것이 인간이다."라고 하였다. 오프라의 프로그램에서 성범죄가 다루어지면, 그 다음 날은 연예인이 등장한다. 성범죄나 여성 차별, 아프리카의 에이즈, 세계적으로 심각한 문제들이 아무리 훌륭하고 절박한 소재라 할지라도 지나치게 잦으면 시청률에도 역효과다. 좋은 시청률이 없다면 "조금 다르게 생각해 보자."는 오프라의 소신도 의미가 없어진다. 2001년 11월 21일 "당신의 삶에 감사하세요"라는 프로그램에서 오프라는 아프가니스탄 여성들에 대한 내용을 다룬 이전의 방송분을 언급하면서 이렇게 말하였다. "그때, 저는 우리가 미국에서 태어났음을 감사하자고 했습니다. 세계에서 가장 복 많은 여성이 우리일 거예요. 그런데 지난 프로그램의 시청률은 형편없었습니다. 여러분 모두가 시청하지는 않았던 것이지요. 쇼핑이나 갔겠지요?" 유명인들과 심리학자 필 맥그로우Phil McGraw를 초대하였던 2001년의 시청률은 최고였다고 하포 프로덕션Harpo Productions이 발표하였다(미주 3).

"당신의 삶을 바꾸는 TV"라는 오프라 프로그램에 관한 일리노이 대학 마크 헤인즈Mark T. Haynes의 출판되지 않은 석사 논문이 있다. 1998년부터 1999년의 TV 방송에서는 "당신의 삶을 바꾸는 TV"가 프로그램의 주제였는데, 시청자들이 자신의 삶에 긍정적인 변화를 시도하도록 하는 것이 이 프로그램의 공개적인 목표였다. 자기 주도적인 주제를 다루는 전문가를 주기적으로 초빙하고, 시청자들에게 묵상을 권고하는 "당신의 영혼을 기억하세요"라는 코너도 마련되었다. 헤인즈는 오프라의 "당신의 삶을 바꾸는 TV"가 시청자들이 생각하고 느끼며 행동하는 방식을 긍정적으로 변화시키도록 유도한다고 말하고 있다. 또한 그는 "즐거운 느낌을 경험하게 되면 변화를 시도하게 되어 있다."고 말하며 "오락은 TV의 본성이기 때문에, 치유의 메시지가 시청자들에게 즐겁게 다가갈수록 시청자들의 반응은 더욱 좋아진다."고 덧붙인다(미주 4).

오프라는 긍정적인 메시지에 많은 이들을 끌어들이기 위해 오락이 필요하다고 말한다. TV는 오락성에도 불구하고 삶을 바꿔 놓을 수 있는데, 그것은 바로 즐거움이 있기 때문이다. 이와 같은 방법으로, 오락은 탐닉과 도피 대신 적절한 균형을 찾는 실천으로 나아갈 수 있는 것이다.

TV 프로그램은 기억에 남을 만한 장면을 보여 주고, 관련된 이야기를 들려준다. 그러한 방식은 좋은 일, 안 좋은 일, 혹은 이윤을 창출하는 데 쓰일 수 있다. 오프라가 프로그램의 목적을 눈에 띄게 설명하지 않아도 그녀로부터 동기를 부여받았다면, 그만큼 오프라의 설득력과 영향력이 증명되는 것이다. 그녀가 거의 20년이 넘도록 강조한 메시지를 더 이상 다룰 필요는 없겠으나, 성범죄나 여타 도덕적인 문제들에 관련된 프로그램에서 여전히 회자될 것이다. 식량 때문에 매일 고통받는 사연이 소개되는 것만으로도, 도덕성 향상과 지원을 촉구하는 오프라의 의도는 많은 실천을 불러일으킬 것이다.

오프라의 팬들은 그녀가 다양한 분야의 관심사를 다루어서 좋다고 한다. 오늘 기억에 남을 만한 뉴스의 사진을 보여 주었다면, 내일은 오프라가 좋아하는 물건을 구매해 보라고 방송할 것이다. 또 그 다음 날에는 맷 데이먼^{Matt Damon}이나 기네스 팰트로^{Gwyneth Paltrow}가 출연할 것이다. 오프라의 프로그램은 식탁과 같다. 무엇과도 비교할 수 없는 특이하고 다양한 주제로 시청자의 상상력을 자극하는 것이다.

2004년 10월 6일 "오프라와 함께 전 세계를"이라는 프로그램에서는 오락, 정보, 교훈을 특이하게 혼합하여 균형을 맞추는 오프라의 능력을 보여 준다. 그 프로그램은 전 세계를 일주하는 30세의 여성을 조명하였는데, 쿠바, 멕시코, 이라크, 쿠웨이트를 비교적 길게 다루었다. 다른 프로그램이었다면 매력적이고 부유하며 전문적인 이미지의 여성 특파원을 통해 30초 분량으로 방영되었을 국가들이다. 오프라의 프로그램에 출연한 여성은 작가였고, 이라크에 있었다. 쇼핑 다니는 모습을 보여 주는 대신에, 그녀는 발륨(신경안정제 – 역자주)을 복용하는 여성들을 보여 주었다. 전쟁으로 파괴되어 전기 공급조차 제대로 되지 않으며, 신변의 안전이 보장되지 않는 위험한 일상 속에서 무감각해지는 방법을 택한 여성들을 취재한 것이다. 그 프로그램에서는 1994년 르완다의 소수민족인 와투시 족의 대량학살에서 살아남은 앙리에트Henriette라는 여성을 조명하였다. 당시 앙리에트는 지속적으로 성폭행을 당하였고, 16명의 가족이 학살되는 극단적인 경험을 하였지만, 아직까지 르완다에 머물며 대량학살을 추모하는 여행 가이드로서 일하고 있다. 오프라는 르완다에 대하여 이렇게 말하였다. "이러한 대학살이 진행되고 있었음에도 불구하고, 우리는 관심이 없었습니다." 앙리에트가 무대에 등장하자, 오프라는 그녀를 따뜻하게 안아 주었고, 엔젤 네트워크의 대학생 장학금을 수여하였다. 짧은 인터뷰에서 오프라는 앙리에트에게 그와 같은 끔직한 상황을 어떻게 극복하였는지 물어보았다. 앙리에트는 청중들에게 "우리 각자에게 즐거움을 주는 무엇인가가 있지요?"라고 질문하면서 어린이들과 그녀 자신의 책임감이 바로 그런 것이었다고……. 그래서 자신이 희망을 갖게 되었노라고 말하였다. 또한 그녀는 덧붙였다. "오늘, 저는 행복하답니다."

 이 프로그램은 전 세계를 신속히 훑어보면서도 여러 상황에서 다양한 행동을 보여 주는 여성들을 다루었다. 오프라는 쿠웨이트에서의 쇼핑은 재미있지만, 그 국가의 여성들은 참정권이 없다는 사실을 거듭 언급하였다. 에티오피아의 한 여성 변호사는 "미국인들이 다른 세계에 무관심하다."고 이야기하였다. 오프라는 청중들에게 그에 동의하냐고 물어보면서, 관심이 부족한 것이 아니라 정보가 부족한 것이라고 말하였다. 그래서 오프라는 "오프라와 함께 전 세계를"이라는 프로그램 제작을 통해 정보를 제공하고 있는 것이다. 그녀는 알찬 정보와 여러 교훈을 다양한 문화 속에서 신뢰할 수 있는 방법으로, 재미있고 흥미롭게 제시하고 있다.

오프라가 정치적인 소신을 너무 드러내지 않는다고 비판하는 이들도 있다. 여성 인권 운동가인 글로리아 스타이넘Gloria Steinem은 공개적으로 오프라를 비난하였다. 2000년 대통령 선거 운동 중에 조지 부시George Bush와 엘 고어Al Gore를 인터뷰할 때, 오프라가 일부러 민감한 질문은 피해 갔다는 것이다. 아프리카의 에이즈와 전 세계 여성들의 인권문제에서도 우리는 정치적인 논리와 소신과 논박을 찾아볼 수 있다. 오프라는 개인에게 초점을 맞춘다. 책을 소개하며 자신이 좋아하는 물건을 한번 사 보라고 권하는 여성으로서, 오프라는 정치적인 조언을 피한다. 무리 없는 호소력을 가지려는 오프라의 성향에 맞추어진 것이다. 그녀가 특정한 것에 몰두하면, 일부의 시청자들은 그녀 곁을 떠날 것이다. 정치뿐만 아니라 종교적인 면에서도 그렇다.

그러나 개인적이고 사적인 주제보다 사회적인 문제를 다시 생각해 보도록 하는 데 오프라의 방송이 도움을 주는 것도 사실이다. 어린이 성범죄 주제가 공론화되기까지 오프라의 기여는 상당했다. 여성의 인권 신장과 관련된 문제에 대하여 오프라가 집중하면 대중의 관심도도 높아진다. 여성학자들은 현대 여성의 수십 년간의 정치적인 노력과 오프라의 방송이 함께 갈 것이라고 이야기한다. 오프라는 "성범죄의 비밀이 범죄 현장인 가정 밖으로 공개되면, 그만큼 고통이 치유되며 행동이 바뀔 수 있다."고 명백히 밝힌 적이 있다. 어떤 여성학자는 오프라에게 박수를 보내기도 한다. 오프라의 이와 같은 방식으로 인해 여성 문제에 대한 관심이 크게 증대되었기 때문이다(미주 5). 오프라는 어려움을 겪는 당신이 혼자가 아니라고 말한다. 역경은 사람들과 나누어 가질 수 있다는 것이다.

… 3장

공동체를 활용하는 오프라

Oprah Provides Community

2002년 오프라의 프로그램을 보기 시작했을 때, 종교가 문화에 얼마나 영향력을 미치는지 종교 관련 교사 및 설교자에게 물어본 적이 있다. 오프라가 종교와 비슷한 핵심 가치를 초보 이상의 수준으로 가르치는 것 같냐고 물어보기도 하였다. 반대 의견도 있었다. 오프라 팬들의 공동체가 신앙 모임과는 다른 방식으로 조직되어 있다는 것이다. 그 공동체가 신앙 모임처럼 친근감이나 사회적인 연대감, 고백할 기회의 제공, 타인과의 협조, 동질감을 제공하기 때문에 영적이기도 하고, 사교적이기도 한 것은 사실이다. "실제 생활과 동떨어져 있는 영적인 생활은 결국 힘들어진다."고 듀크 신학교의 학장인 그레고리 존스 L. Gregory Jones 는 말하였다.

오프라는 프로그램이 녹화되는 시카고로 시청자들을 데리고 갔지만,

사람들이 모일 만한 오프라 성당이나 오프라 도시는 없었다. 프로그램이 만들어지는 하포 스튜디오 Harpo Studios의 특정 장면은 프로그램의 일부로 삽입되어 그곳에 갔었다는 느낌만 시청자들에게 줄 뿐이었다. 나는 천문학적인 액수의 이익을 창출하는 본사의 소박한 규모에 놀랐다.

    그러나 오프라 팬들의 공동체에는 공통적인 관심사가 있다. 오프라의 팬들은 오늘이나 지난주의 프로그램만을 가지고도 항상 나눌 이야기가 있다. 프로그램이나 잡지, 웹 사이트 등 오프라가 자신의 의견을 표명할 몇몇 매체를 소유하고 있기 때문에 옥시전 Oxygen 방송국의 "쇼가 끝난 후" After the Show라는 프로그램이 그녀의 영향력이나 시각적인 효과를 정규 프로그램 이상으로 높여 주고 있다. 오프라는 한 인간이며, 연예인이며, 상표다. 오프라의 상표가 눈에 띄는 의류를 사서 입으면 오프라의 팬임을 광고하고 다니는 것이다. 나도 휴가 선물로 받은 오프라의 티셔츠가 두 장 있다.

자동차의 범퍼에 붙이는 스티커나 유니폼처럼 오프라의 잡화 용품들은 공적인 호소력이 있다. 한 예로, 나의 처남은 시카고로 가는 비행기 안에서 세 명의 여성 승객이 오프라의 팬이며 오프라 북 클럽의 회원임을 알았다고 한다. 그들이 입고 있는 티셔츠와 대화 내용 때문이었다.

클럽의 회원이라면

만약 공동체가 소속감뿐만 아니라 회원들에게 무엇인가 얻을 것이 있다는 느낌까지 준다면, 당신이 장로교인이든 비욘세[Beyonce]의 팬이든 오프라의 팬들은 오프라의 북 클럽에서 만나고 경험을 공유할 수 있을 것이다. 책의 내용을 나누면서 거대한 공동체를 형성하는 것이다. 당신이 오프라가 권한 책을 구입한다면, 당신은 오프라의 표현 그대로 46만 명 이상의 회원과 함께하는 "세계에서 가장 큰 북 클럽"에 참여하고 있는 것이다. 오프라의 북 클럽 회원들은 로터리 클럽[Rotary Club](국제로터리클럽협회. 사회봉사와 국제친선을 목적으로 하는 국제적 사교 단체인 로터리 인터내셔널[Rotary International]의 지부를 가리키는 용어이며, 1905년 미국에서 시작되었다. - 역자주)에 소속되어 있는 것과는 다르게 주기적으로 만나며, 공동체 활동에 참여한다. 오프라가 추천한 책이 비약적인 매출 상승을 기록하고 있으므로, 오프라 북 클럽 로고가 찍힌 책들을 지니고 다니는 이들은 수천 수백만 사람들과 공통의 경험을 하고 있는 것이다. 여러 교파가 존재하고, 필요 이상으로 다양한 미디어가 지대한 영향력을 미치고 있는 문화 풍토에서 비록 한계는 있겠지만 오프라의 북 클럽은 공통적인 관심사, 공통적인 주제 의식, 공통적인 정체감을 독자들에게 제공하는 것이다. 회원들은 매해 출판되는 수천 권의 책을 읽지 않고 오프라가 권해 주는 책을 읽고 있다. 오프라가 선별한 책은 "맞춤으로 직접 파는"—믿을 만한 사람이 나에게 맞추어 준—것과 같은 효과가 있다고 알려져 있다.

공통적인 주제를 다루는 것 이외에도, 오프라의 북 클럽은 책을 읽은 사람들이 토론할 수 있도록 장이 형성되어 있다는 특징이 있다. 오프라는 프로그램의 안주인이고, 그것이 오프라의 특기다. 얼핏 보면, 말을 많이 하지 않고 혼자서도 할 수 있는 활동인 독서는 TV 프로그램과 많이 달라 보인다. 그러나 오프라의 프로그램에서 독서는 대화와 연결되는 것이다. 그래서 북 클럽과 관련된 프로그램에서는 독자들 간의 대화를 보여 준다. 영국인 교수이며, 「오프라 읽기」 *Reading Oprah*의 저자인 세실리아 콘차르 파 *Cecilia Konchar Farr*는 오프라 윈프리 쇼에서 보여 준 TV 북 클럽의 만남이 독서의 사회적인 속성을 보여 주었다고 이야기한다. 독자들이 특정 소설에 대한 이야기를 하고자 모이고, 때로는 그들을 위한 저녁 식사 테이블이 준비되어 있기도 하다. 작가들이 참여하지만, 그들은 실권이 없다. 단지 독자들이 대화를 나누기 전에 책 내용에 대하여 간단한 소개를 할 뿐이다. 세실리아 콘차르 파는 소설을 이와 같은 방식으로 이해하면, 이것이 곧 '말하는 책'이라고 말한다(미주 1). '말하는 책'의 이미지는 초기 미국 흑인의 역사에서 비롯되었다. 흑인 노예 한 명을 5분의 3으로 계산하라고 명시한 헌법이 적용되는 국가에서, 문해(文解) 능력은 완전한 한 명의 인간이 되었음을 의미하는 것이었다(1787년 미국의 필라

델피아 회의에서는 각 주의 하원의원 수를 인구 수에 따라 배정하기로 하였다. 그러나 남부의 경우, 참정권이 없는 흑인 노예를 인구에 포함시킬 것인지에 대한 논란이 있었다. 제임스 윌슨^{James Wilson}의 제안으로, 결국 흑인 노예 한 명을 한 명이 아닌 5분의 3으로 계산하기로 하였다. – 역자주). 그 당시, 흑인 노예와 교육은 어울리지 않았다. 오프라의 북 클럽 프로그램에 4회 출연하여 독자들을 안내해 주었던 작가 토니 모리슨^{Toni Morrison}의 말을 인용하여, 세실리아 콘차르 파는 '이야기를 나누기' 위하여 소설이 존재한다고 말한다(미주 2). 오프라가 권해 준 제법 많은 책이 유색인종 여성 작가의 작품이고, 그중 일부 작품에서 등장인물이 처한 상황은 더 관대한 사회를 비유하며, 많은 작품들이 그 소재를 사회정의로 다루고 있다는 것이다.

독서 토론은 여성들이 모일 수 있는 핑계 거리가 된다고 여성학자들은 이야기한다. 19세기부터 20세기까지의 현대적인 '문학 여성'들의 모임도 있었다. 세실리아 콘차르 파는 "독서 자체로써 — 혹은 함께 모여 책을 읽음으로써 — 북 클럽의 회원들은 서로 다른 생각과 비판 의식과 연대감, 공동체 의식을 가지게 된다."고 언급했다(미주 3). 다른 시각으로 생각하기 위하여 사람들을 모으고, 그러한 생각을 하기 위하여 TV를 이용하는 것이 오프라가 추구해 왔던 목표다. 프로그램에서 보여 주는 북 클럽의 대화에서 독자들은 이미 읽은 책을 생각해 보고, 서로의 질문과 반응을 비교하며 다른 이들의 반응을 경청한다. 그런데 결과는 좋지 않았다. 북 클럽 프로그램의 시청률이 떨어진 것이다(미주 4). 그러나 오프라의 입장에서는 대중성은 말할 것도 없고, 상당한 문화적인 효과를 얻게 되었다.

초기 형태는 변화되었지만, 북 클럽은 오늘날까지 계속되고 있다. 오프라가 이제는 고전 작품을 선택하면서 북 클럽의 방송분은 적어졌다. 덧붙여 북 클럽은 이제 오프라의 웹 사이트에 근거를 두려고 노력한다. 노벨 문학상을 수상한 펄 벅Pearl Buck의 소설「대지」The Good Earth에 대하여 오프라가 어떻게 생각하는지 알고 싶다면, 독자들의 질문에 오프라가 대답한 웹 사이트의 비디오를 찾아보면 된다. 고전 작품 북 클럽에서 오프라가 처음으로 추천했던 존 스타인벡John Steinbeck의 소설「에덴의 동쪽」East of Eden에 대한 글은 1년 반 동안 3,400개 이상이었다.

실제적인 공동체

오프라는 사람들이 스스로 인정받고 있으며, 가치 있게 대우받는다고 느끼기를 바란다. 그녀의 웹 사이트에는 오프라 공동체에 참여할 수 있는 기회가 많이 있다. 프로그램에서와 같이, 오프라의 웹 사이트는 여성들이 가족 모임 장소로 애용하는 미용실, 커피숍, 부엌처럼 만남의 장소다. 고민을 나누고, 방송되지 않으며, 초대받을 수 있는 장소다. 사람들은 서로 이야기를 나눌 수 있을 뿐만 아니라 오프라에게도 말할 수 있으며, 적어도 오프라에게 말하고 있다고 느낄 수 있다.

웹 사이트는 정보의 저장소이기도 하며, 특별한 관심사를 가진 사람들끼리 탐구할 수 있는 기회의 장이 되기도 한다. 1998년 시작된 웹 사이트는 정보를 분류할 수 있는 월드 와이드 웹World Wide Web의 기술을 이용하였고, 관련 웹 사이트를 링크시켜 놓았다. 또한 의견을 게시하고, 오디오와 비디오

자료를 올려놓았으며, 오프라 연수 프로그램도 있었다. 컴퓨터를 사용할 수 있는 사람들은 이러한 기회를 잘 활용할 수 있었던 것이다. 이러한 장치가 오프라의 영향력을 프로그램과 잡지뿐만 아니라 온라인상에서도 미치게 하였으며, 시애틀과 시드니의 잠 못 이루는 팬들을 만들어 내었다. 내용이 풍부한 웹 사이트에서는 프로그램에 대한 감상을 올릴 수도 있고, 컴퓨터 일기를 쓸 수도 있으며, 특정 주제에 대한 정보를 제공하는 웹 사이트를 찾아볼 수 있을 뿐만 아니라 뉴스 레터 구독을 신청할 수도 있다. 회원 가입을 하면, 긍정적이며 정보가 가득한 오프라의 이메일을 직접 받아 볼 수도 있다.

메시지 게시판에서는 논평을 부탁하기도 한다. TV 프로그램의 시청자들은 매일 프로그램에 대하여 토론하고 반응하면서 경험을 확장시킨다. 그들은 의견을 말하고, 화를 내며, 경멸 섞인 말을 쏟아 낼 수도 있다. 질문을 게시하면 답변을 받아 볼 수 있으며, 프로그램에서 소개된 상품을 반복적으로 문의하는 내용이 올라오기도 한다. 자세한 내용을 듣지 못했으면, 게시판에서 다시 질문할 수도 있다. 가끔 프로그램의 초대 손님들이 의견 게시판에 글을 올리기도 한다. 아내를 살해했던 목회자인 아론 에스테스Aaron Estes, 살인범인 스캇 피터슨Scott Peterson의 정부(情婦)인 앰버 프레이Amber Frey, 애인인 조이 부타푸코Joey Buttafuoco의 아내를 총살하여 수감생활을 한 에이미 피셔Amy Fisher처럼 논쟁이 많은 출연자들에 관해서는 수많은 글이 올라왔다. 이라크전에 개입한 미국에 대한 논쟁은 3개월 만에 15,000건을 넘어서 2003년 2월, "미국이 이라크를 반드시 공격하여야 하는가?"라는 제목의 2부 프로그램이 방영될 정도였다. 인터넷상의 토론은 마주 보고 하지 않아도 경청하고, 표현하며, 정보를 얻고, 반응하는 기회를 가질 수 있다. 서로 연관될 수 있는 가능성도 열려 있다. 하포 프로덕션Harpo Productions은 웹 사이트에 대한 법적인 책임을 지며, 청탁이나 상품 선전을 금지한다는 내규를 적용하고 있다. 내규에 의거하여, 적절한 사전 통보하에 게시물이 삭제될 수도 있다. 수백 개의 게시판은 1996년부터 2002년까지 잡지, 북 클럽 등의 다양한 주제들을 다루고 있으며, 활용할 수 있는 요리법도 소개되고, 의기소침해 있는 지인에게 이메일을 띄울 수도 있다..

게시판에서 눈에 띄는 또다른 공동체는 수천 개의 게시물을 기록하는 O 그룹들이다. 그곳에서는 성범죄나 약물 중독에 빠져 있거나 이미 회복된 사람들을 위한 약 2,500개의 단체가 활동하고 있다. 같은 주나 도시에서 다른 이를 만나고 싶어하는 그룹도 있으며, 유령을 본 경험을 이야기하고 싶어하는 그룹도 있다. 정치, 애완동물, 체중에 대하여 토론하고 싶어하며, 같은 여성을 돕기 원하는 여성 그룹도 있다. O 그룹들은 영어를 사용한다. 영어를 할 줄 아는 전 세계의 사람들이 다양한 그룹을 형성하는 것이다. 요리법 문의에서부터 기도하는 자에 이르기까지 자발성이 지배하고, 때로는 경제력의 도움을 받기도 한다. 생일을 축하하고, 이메일 주소가 교환되며, 충고를 구한다. 일상사가 기록되면 그에 대한 의견이 올라오고, 가족 간의 소식도 나눈다. 활동적인 그룹들 몇몇은 수년 간 이어져 내려오기도 한다. 나는 2002년에 만들어진 그룹에 즉시 가입하여, 전 세계의 많은 여성들과 이야기를 나누어 본 적이 있다. 상호 교류적이었고, 공공의 토론에서 직접적으로 의견 교환이 이루어지고 있었다. 이러한 실제적인 교류는 전화 통화 및 실제 모임을 만들어 냈다. 인터넷상에 올린 나의 질문에 답을 하면서 어떤 여성은 가상이든 실제든, 모든 종류의 교류가 가치 있다고 말하기도 하였다.

오프라의 웹 사이트는 시청자들에게 프로그램의 일부를 개방해 놓고 있다. 프로그램에서 다루었던 주제를 목록으로 만들어 놓고, 시청자들에게 참여할 기회를 제공하고 있는 것이다. 올바른 조명 방법을 조언하면서, 시청자들에게 비디오테이프를 요청하고, 편지를 띄워 보낼 주소를 알려 달라고 한다. 이메일로 사연을 보내 달라는 요청도 있다. 녹화 방송을 위한 마감 임박 예약은 웹 사이트를 통하여 가능하다. 시청자들이 그들의 관심사를 표명하면, 프로그램의 주제로 연결되기도 한다. (버락 오바마 Barack Obama에게 질문 있으신가요? 아는 사람 중에 검은 색 옷만 입는 사람이 있나요? 실생활에서 영웅과도 같은 분이 계신가요? 등) 팬들은 이러한 방법으로 앞으로 활발히 활동할 잠재적 시청자를 데려올 뿐만 아니라 오프라에게 프로그램의 소재를 제공한다. 오프라의 프로그램에서는 시청자들과 그들의 친구와 이웃이 전해 주는 자발적인 사연을 원하는 것이 분명하다. 팬들은 그들이 좋아하는 연예인을 만날 수 있고, 메이크업을 받을 수 있으며, 인간관계, 실내장식, 패션에 관한 조언을 받을 수 있다. 지저분한 집 안에서부터 병적인 도벽에 이르기까지 어려운 상황에 처해 있는 사람들은 TV에서 고백의 시간을 가질 수 있다. TV에 출연하지는 못했어도, 언젠가 오프라 윈프리 쇼에 출연하거나 적어도 청중으로 참여할 수 있다는 가능성의 문이 열려 있는 것이다.

: 친구의 방문

학자들은 사람이 공개적으로 말할 수 있는 내용과 그 내용을 표현하는 방법을 오프라(오프라가 최고의 모범이지만, 다른 프로그램의 진행자들도 언급한다.)가 어떻게 바꾸어 놓았는지 관해 이야기한다(미주 5). 이전 세대에서 성범죄는 닫혀진 문 뒤에서 자행되었으나, 이제는 TV에서 공개적으로 말할 수 있는 것이 되었다. 전문가들은 주제를 설명하면서 수치를 제시하지만, 프로그램의 출연자들은 그들의 일상생활 속 실제 경험을 이야기한다. 개인적인 경험은 주제에 대한 출연자들의 권위를 높여 준다. 오프라의 프로그램에서는 평균적인 시청자들의 생각과 경험이 중요하다. 그들의 생각과 경험을 모두가 잘 들어주는 것이다. 사회자가 청중들 사이를 거닐며 진행하는 오프라 프로그램의 형태는 필 도나휴^{Phil Donahue}에 의하여 시작된 것인데, 이것은 청중의 생각을 고려하고 존중한다는 표시이기도 하다. 무대의 초대 손님과 청중, 가정 내의 시청자들에 이르기까지 평범한 '당신'으로서, 오프라의 방송 일에 포함되는 것이다. '당신'의 경험을 포함시키겠다는 느낌을 주는 것은 오프라와 시청자들 간의 유대를 강화시킨다.

　　당신이 홀로 집에 있거나 홀로 컴퓨터 앞에 앉아 있을지라도, 오프라는 당신이 혼자 있지 않은 것처럼 이야기한다. 홀로 고민했던 문제를 다른 이들 역시 가지고 있을 수 있기 때문이다. 오프라는 사회적 문제나 불공평한 대우에 관한 문제를 자의식의 문제로 축소시킨다는 비판을 받는다. 그러나 수년 동안, 그녀는 문제를 하나씩 하나씩 다루어 냈다. 전국 방송의 첫 해였던 1986년의 주제는 청소년 사형선고, 소수민족 우대 정책, 인종적 편견, 그리고 복지에 관한 것이었다. 이러한 주제들은 애정 문제나 결혼 문제로 고민하는 여성들을 위한 프로그램과 함께 다루어졌다. 오프라는 자기 개선과 사회 개선을 부분적으로 혼합한 상태에서 주제에 집중하였던 것이다.

오프라는 공동체의 문제를 본격적으로 다루는데, 관련된 개인에 초점을 맞춤으로써 오프라 자신의 문제처럼 처리한다. 그녀가 초창기에 훈련받았던 언론인다운 기법이다. 1993년 9월 13일에 방영된 "잠든 미국을 깨우는, 마이애미로부터의 생방송입니다"라는 프로그램에서는 마이애미의 관광객 살인 사건을 다루었다. 1988년 DNC[Democratic National Convention]에서 열린 낙태 반대 운동에 이어, 1988년 9월 12일 방송분의 제목은 "낙태 반대자들"이었다. 1994년 9월 12일부터 13일까지 방송되었던 "토크쇼가 나쁜가요?"라는 프로그램에서는 자극적인 토크쇼를 '쓰레기 TV'[Trash TV](저질 텔레비전 프로그램이라는 뜻으로 1990년대 낮 시간에 방송되던 토크쇼를 지칭한다. - 역자주)라고 비난하는 상황을 다루었다. 이 프로그램에서 우리는 오프라가 개인적인 의견에 의존하며, 청중들이 생각하는 바를 인터뷰한다는 것을 알 수 있다. 한편 그녀는 "토크쇼가 사회 전반에 해악을 입히는가?"라는 질문으로, TV 토크쇼를 사회적인 이슈로 인식한 것이다. 개인의 통제를 넘어선 것처럼 보이는 사회에서는 개인의 의견이 더 큰 공동체에 흡수되는 경우가 많다.

오프라가 사람을 끌어 모으고, 무대나 인터넷에서 사람들이 이야기하도록 유도하는 방식이 가치 있는 공동체를 만든다는 것에 모든 사람들이 동의하는 것은 아니다. 가상 공동체는 파급 범위가 크다. 그러나 듀크 신학교의 그레고리 존스[L. Gregory Jones]는 이렇게 말한다. "가상 공동체는 훌륭한 보충물이지만, 대체품이 될 수는 없다. 익명으로는 모든 것을 말할 수 있다. 그러나 시간을 두고 나와 지속적인 관계를 가진 사람들은 내가 한 말인지 아닌지를 알고 싶어한다."

여전히 오프라는 사람들에게 따뜻하고 진실하게 이야기한다. 그녀는 말할 거리를, 생각할 거리를, 노골적으로 불평할 거리를 준다. 어떤 이들은 이같은 오프라의 개입을 집안의 손님처럼 허용하기도 한다. 사회학자 톰슨Thompson은 78세인 어머니가 오프라의 팬이라서 그도 오프라에게 관심을 가지게 되었다고 말한다. "우리 어머니의 하루 일과 중 가장 큰 일은 오프라와 닥터 필Dr. Phil을 보는 것입니다."

또한 「미국에서의 하나님 이야기」God Talk in America의 저자인 필리스 티클Phyllis Tickle은 "그녀는 공동체의 일부가 되어서 매일 점심시간에 방문합니다."라고 말한다.

4장
자기 성찰에 힘쓰는 오프라

Oprah Promotes Self-Examination

철학자 플라톤이 오래 전에 제창했듯, 되돌아보지 않는 삶이 가치가 없다면 자기 반성은 "삶을 마음껏 누리도록" 하는 필수 요소이다. 사도 바울은 더욱 신실하게 잘 사는 방법으로 스스로에게 묻는 방식을 제안하였다. "너희는 믿음 안에 있는가 너희 자신을 시험하고 너희 자신을 확증하라……" (고후 13 : 5). 자기 반성 정도로 간단히 생각하면, "너 자신을 알라."는 보편 상식적인 대답은 결정을 잘 내리도록 도와주고, "무슨 생각을 하고 있었느냐?"는 질문을 피할 수 있는 좋은 방법이다.

오프라는 자기 반성을 수차례 제안하였으며, 따라하기 쉽도록 만들었다. 일기 쓰기가 그 좋은 예다. 「오프라 매거진」에는 "생각해 봐야 할 것"이라는 고정 칼럼이 있다. 뜯어서 간직할 수 있는 일기장 같은 페이지인데,

잡지와는 별도로 구매할 수 없으며, 네다섯 가지 질문과 함께 답을 쓸 수 있는 공간이 마련되어 있는 각 페이지가 밝은 색깔로 채색되어 있다. 일기장의 질문은 잡지에서 '사명'이라고 불리는 매달의 주제(사랑, 금전, 중용, 자족감)에 대한 것이다. 극본 대사와 같은 짧은 질문들이 독자인 당신의 대답을 이끌어 낸다. "당신이 모든 것을 말할 수 있는 사람들의 목록을 만들어 보세요.", "성장기에 당신 가정의 경제 상황은 어떠하였습니까?", "흔들리지 않을 당신만의 소신이 있나요?" 이러한 방법으로 잡지는 매달 최소한 간단한 생각 거리라도 제시한다. 이러한 물음들로 웅변을 하자는 것도 아니며, 잡지의 좁은 공간에 심오한 에세이를 쓰자는 것도 아니다. 자기 성찰은 강요해서 연습시킬 수 있는 것이 아니다. 그 기회를 활용하고자 하는 의지가 있는 개인만이 할 수 있는 것이다. 단지 한 페이지를 이용하여, 평범하게 생각해서는 안 될 문제가 있는 이들에게 생각해야 할 방향을 슬쩍 건드려 주는 것이다. 진지하게 생각해야 할 때, 가장 흔히 쓰는 방법이 적어 내려가는 것이다. 실제로 우리는 자주 메모를 하거나 목록을 만든다.

오프라가 잡지를 통해서만 자기 성찰의 기회를 제공하는 것은 아니다. 웹 사이트에는 인터넷상에서 쓸 수 있는 일기장이 제공되며, 어떻게 요령 있게 시작해야 하는지도 가르쳐 준다. 웹 사이트에서 우리 자신의 일기를 쓸 수도 있고, 여러 작가들이 쓰는 다섯 종류의 일기 중 한 가지를 함께 나눌 수도 있다. 감사 일기의 경우 25,000건 이상의 접속 횟수를 기록하였다.

일기를 나눈다는 것이 모순처럼 들릴 수도 있다. 일기는 개인의 생각을 털어놓는 것이라고 대부분 생각하기 때문이다. 같이 보고 쓰는 일기는 공개가 되는 것이다. 오프라가 공공연히 해 왔던 것처럼, 이 공동 일기를 통하여 개인적인 일기가 새로운 의미를 갖게 된다. 일기를 쓴 사람이 반드시 자신의 신상을 공개할 필요는 없지만, 무엇인가 고백은 해야 하기 때문에 인터넷상에 게시된 비밀은 반쯤 개방되어 있는 셈이다. 공동 일기에 참여하는 사람들은 우애를 경험하게 된다. 혼자 컴퓨터를 보면서 일기를 쓰지만, 다른 이들과 함께 있다는 느낌을 오프라는 주고 싶었던 것이다.

일기는 스스로를 잘 알 수 있는 방법으로 오랜 시간 동안 효과가 검증된 오프라 웹 사이트의 또다른 전략이다. 웹 사이트의 "너 자신을 알라" 코너는 컴퓨터만 있으면 무료로 이용할 수 있는 자기 주도적인 출판물과도 같다. 개인적인 성장에 관해서는 전문가의 라이프 코치를 받을 수 있고, 게시판에서는 생각을 교환하고 지지하며, 계속되는 몇몇 질문들이 자기 반성을 촉진한다. "당신의 정서적 성향은 어떠한가?", "당신은 무엇에 열정을 보이는가?", "당신의 소신은 무엇인가?" 등의 질문은 심리학적으로 명확한 방향 제시가 되어 있으며, 감성과 경험을 모두 다룬다. 어떤 질문들은 대답을 할 수 있는 공간이 마련되어 있으며, "생각해 보아야 할 것"이라는 잡지 코너와는 달리 인쇄해 볼 수도 있다. 모의 치료법과도 같고, 우리의 삶을 최대한 누리도록 해 주려는 오프라의 의도대로 실행되는 또다른 효과적인 방법이다.

건강하게 체중 감량을 잘할 수 있는 방법에 관하여 오프라는 스스로 얻은 지식을 링크시켜 놓았다. 그동안 실천해 보았던 여러 방법과 다양한 식단이 제시되어 있다. "삶을 바꾸는 TV"가 1998년 시작될 때 그녀가 말했듯, 오프라의 캠페인 중에는 이제 더 이상 추진되지 않는 것도 있다. "프로그램을 주목하세요"는 2년간 프로그램의 주제였는데, 이제는 바꿀 시기가 되었다. "삶을 바꾸는 TV"가 처음으로 방영된 1998년 9월 8일, 오프라는 이렇게 말하였다. "프로그램에 진작 집중하셨어야죠."

⋮ 개인적인 성장

오프라 스스로도 자기 성찰의 삶을 살고 있다. 그녀는 변화를 이야기하지만, 근본적인 아이디어는 한결같다. 자기 인식과 개인적인 변화는 심리학적이면서도 영적으로 이야기할 수 있는 주제다. 「오프라 매거진」의 2005년 4월호에서 오프라는 "체중 감량을 원하는 사람들은 체중이 왜 이 상태이며, 왜 식이요법에 실패했는지를 자문해 봐야 한다."고 쓰고 있다. 그리고 이 질문에 대하여 자존감의 부족 때문이라는 답을 제시한다. '영적이고 정서적인 요소'를 간과한 식이요법으로는 어느 누구도 체중 감량에 성공할 수 없다는 것이다. 자신은 부모님의 딸이자 하나님의 자녀라는 영적인 인식을 잊지 않는다고 오프라는 덧붙인다. 여기서 그녀는 종교적인 용어를 사용하지만 '제대로 된 자아의 원천'에 관해서는 더 일반적으로 언급하기도 한다. 오프라는 심리학적인 용어와 영적인 용어를 번갈아 사용하면서, 때로는 전문적으로 때로는 대중성 있게 접근하는 방식을 취한다.

오프라는 스스로 확실히 모범을 보이면서 개인적인 발전을 지도한다. 그녀의 다이어트 고통은 대중에게 수년 동안 공개된 바 있고, 그것으로써 그녀는 불완전하면서도 인격적인 인간이 되었다. 습관이나 행동을 바꾸는 것만큼, 오프라가 중시한 체중 감량 방법은 자기 인식이었다. 오프라가 유행시킨 '정서적인 식사'는 체중 감량에 자기 인식이 필요함을 강조하는 방법이다. 심리학적으로 먹고 싶다는 의식은 만족감을 얻으려는 행위이다. 2002년 프로그램에 출연한 어느 43세의 여성은 먹어야 하는 이유를 일기처럼 기록하면서 오프라 다이어트법을 실천하였다. 그녀는 그 방법이 자신으로 하여금 내면세계를 관찰할 수 있게 해 주었으며, 궁극적으로는 그 만족감이 오래 지속되었다고 한다. 오프라는 언제나 좋은 방송 소재인 음식을 지적으로 접근한 것이다.

오프라는 하위 단계의 전문 책임자와 함께 움직이며 자기 인식과 자기 주도를 지도하는 팀장이다. 오프라의 프로그램과 잡지에서 그녀는 주기적으로 특정 영역의 전문가를 초빙한다. 성범죄, 자존감 프로그램, 불신, 그리고 전반적인 문제에 관하여 전문가들이 상담하여 준다. 고정 게스트도 시간이 지나면 교체되는데, 닥터 필$^{Dr.\ Phil}$이라고 불리던 심리학자 필 맥그로우$^{Phil\ McGraw}$는 상당한 유명세를 구가하였다. 라이프 코치였던 마사 베크$^{Martha\ Beck}$와 재정 전문가인 수지 오먼$^{Suze\ Orman}$은 현재 「오프라 매거진」에 칼럼을 기고하고 있다. 이들은 전문화된 조언자이며, 오프라 곁으로 우리를 인도해 준다. 오프라는 여성의 복잡다단한 일상을 한 장소에서 종합적으로 조언해 주는 대형 마트와도 같다.

필 맥그로우는 그의 추종자들을 만들어 내었고, 결국은 1998년부터 2002년까지 오프라의 프로그램에 고정적으로 출연하였다. 정신과 전문의이며 상담가인 그는 오프라의 신뢰를 얻었으며, 1996년 광우병 관련 프로그램에 대한 텍사스 목장주와의 소송에서 승소를 이끌어 내기도 한다. 그 이후, 체중 감량뿐만 아니라 가족과 인간관계를 다루는 프로그램의 내용에 관하여 맥그로우는 오프라의 주치의가 되었다. 집요하면서도 지나친 단순화로 비판받기도 하지만, 어떤 이들은 그의 고지식한 방법을 좋아한다. 수줍어하는 듯한 무뚝뚝함으로 그는 이렇게 묻는다. "당신은 어떤 대가를 치러야 했나요?", "그것이 당신에게 어떤 효과가 있었죠?" 이성적이지만 상처를 입힐 수도 있는 이러한 질문들은 그의 베스트셀러 저서에서 많이 찾아볼 수 있으며, 결국 맥그로우 스스로 프로그램을 운영하기에 이르렀다. 그의 저서 중 하나인 「자아」$^{Self\ Matters:Creating\ Your\ Life\ from\ the\ Inside\ Out}$에서는 '참된 자아'를 만들기 위하여 수많은 과제를 '본격적인 평가' 혹은 '가벼운 쪽지 시험'의 형태로 제시한다. 이 심리학자의 작업에는 "너 자신을 알라."라는 기본적인 명제가 있다.

"너 자신을 알라."라는 말은 심리학자들의 영역인 것 같고, 최소한 종이 한 장 분량의 훌륭한 일기라도 써야 할 것 같다. 그러나 자기 반성은 근본적으로 영적인 발전이다. 자기 인식과 자기 반성을 강화하는 방법으로 영적인 성장을 이룰 수 있는 것이다.

성장하는 자기 인식

예수회 교단의 창시자인 성 이냐시오 St. Ignatius에 의하여 양심 일기의 실천이 시작되었다. 이는 하나님을 더욱 잘 알고자 하는 기독교인의 영적인 규율 중의 하나였다. 하루 동안의 언행과 하나님에 대한 감사를 15분 동안 묵상하는 것으로 매일 일기를 쓰면 자신의 일상적인 습관을 알 수 있게 된다. 양심 일기의 핵심은 일상에서 하나님을 찾는 것이고, 하나님을 더 자주 찾기 위하여 계속 수련하는 것이다. 무엇을 찾고자 노력하면 더 많은 것을 발견할 수 있게 된다.

양심 일기는 쓰는 것으로 실천된다. 일기를 쓰는 것은 영적인 성장을 유도하는 기법이지만 또다른 중요한 목적도 있다. "일기 쓰기는 가톨릭 신자, 개신교 신자, 예수회 신자들에게만 필요한 것이 아닙니다."라고 시카고의 예수회 목사인 다니엘 플래허티 Daniel Flaherty는 말한다. "사실은 종교적인 기법이라고 할 수도 없습니다." 치료를 받고 있고, 하나님을 찾으며, 더 좋은 직업을 구하기 위하여 전심으로 노력하는 가운데 묵상의 주제는 바뀐다. 그러나 묵상의 과정은 그 기법을 배울 필요가 있으며, 반복되어야 할 것이다. "특정한 방향으로 사람들을 나아가게 하는 연습입니다."라고 플래허티는 덧붙인다.

하나님을 더 잘 알게 하려는 방향으로 오프라가 사람들을 인도하지는 않을 것이다. 오프라의 관심사는 자기 인식을 잘하여 개인적인 성장을 유도하는 것이다. 개인적인 성장은 영적인 발달을 포용할 수 있을 만큼 그 가능성이 광대하다. 오프라 프로그램의 많은 초대 손님들은 성장의 과정과 영적인 존재로 변화하는 것에 대하여 이야기해 왔다.

오프라는 TV 프로그램이나 잡지의 칼럼에서 감사함을 기억하기 위하여 감사 일기를 쓸 것을 권고한다. 감사 일기는 주제에 대하여 직접 생각해 볼 것을 촉구하는, 아니 거의 강요하는 방법이다. 종교적이고 영적인 목적으로 이용되는 이 감사 일기는 감사함에 초점을 맞추면서 매일 선물 주는 이를 마음에 각인시키는 것이다. "이러한 선물을 주시는 하나님께 감사하게 될 것입니다."라고 플래허티는 말한다.

5장
감사함을 가르치는 **오프라**

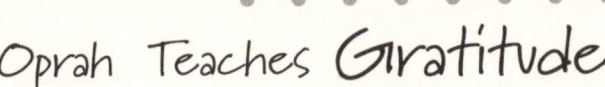
Oprah Teaches Gratitude

    감사함은 미덕이라고들 한다. 그러나 나는 이것을 실천적인 항목으로 생각하고 싶다. 피아노를 연주하고, 명상하고, 스포츠를 즐기고, 감사함을 실천하는 것 모두 쉽고 간단하다. 누군가에게 감사함을 느낄 때마다 바로 실천하는 것이다. 토크쇼를 진행하는 오프라가 정중해 보이는 것도 이와 같은 이유 때문이다. 그녀는 변함없이 초대 손님의 출연에 감사하며, 감사의 말로 프로그램을 끝맺는다. 오프라가 수많은 사람들에게 이야기하고, 인터뷰하는 직업을 가진 이후로, 그녀는 매일 감사함을 실천하고 있다.

    감사함은 매일 단련되어야 하는 근육과도 같다. 감사함이 잘 느껴지지 않는다면, 연습이 도움이 된다. 연습으로 우리는 감사할 수 있는 감성을 소유할 수 있게 된다. "우리가 해야 할 것은 연습이고, 감정은 연습 이후에

자연스럽게 따라오는 것입니다."라고 「감사 : 인생을 긍정적이고 올바른 방향으로 이끄는 힘」 Attitudes of Gratitude : How to Give and Receive Joy Every Day of Your Life 의 저자인 M. J. 라이언 M. J. Ryan 은 이야기한다.

 오프라의 복음에서 감사함은 풍부함과 축복을 인식하는 것이다. 감사할 줄 알고, 감사한 마음이 더하도록 불을 지피는 것 이상의 수준이다. 감사는 가져야 할 것과 갖지 말아야 할 것의 거리를 측정하여 주는 알림 서비스와도 같다. 그래서 오프라는 자신의 삶에 대하여 이렇게 말한다. "나는 충분히 축복받았습니다." 276대의 자동차를 방출하면서, 19회 방송을 열었던 2004년 「USA 투데이」 USA Today 와의 인터뷰에서 그녀가 했던 말이다. "우리 집 문 앞을 지날 때마다 '예수 사랑하심을' Jesus Loves Me 이라는 노래를 부릅니다. 이틀

날에 그 전날 조깅했던 것을 떠올리면서 만약 그 노래를 안 불렀던 것 같으면, 다시 돌아가서 '예수님은 나를 사랑하신다!' 라고 외칩니다. 이 정도면 미신에 버금가지요? 하나님은 나를 사랑하십니다!"(미주 1)

오프라는 "예수 사랑하심을"이라는 노래를 성장기에 교회에서 배웠던 것 같다. 하나님의 맹목적인 사랑과 자애로움에 대한 감사함은 기독교의 기본이지만, 기독교의 손이 닿지 않는 사람들은 배우지 못하는 것이다. 라이언은 오프라가 교회에서 배웠던 것을 다른 사람들도 새신자 등록이나 형식적인 종교적 실천 없이 배울 수 있다고 말한다. "어느 곳에서도 들을 수 없는 메시지를 사람들은 오프라에게서 배웁니다." 어느 신앙 단체에도 등록하지 않았다고 이야기하는 '무소속 인구'는 많다. 그 수는 점점 늘어나고 있으며 집단화되고 있다. 국가여론조사기관에서 2004년 조사한 수치에 의하면, 전체 인구의 14%에 달하였다.

오프라 윈프리 쇼에서 감사함은 지속적으로 실천되고 다루어지는 주제다. 오프라는 그녀가 쓰고 있는 감사 일기를 소개하였는데, 감사 일기에는 감사할 일을 매일 5개씩 적는다. 일기는 매일 쓰는 것이기 때문에 매일 연습이 된다. 오프라는 1995년 베스트셀러였던 사라[Sarah ban Breathnach]의 「단순한 풍요로움」[Simple Abundance]이라는 책에서 감사함을 배웠다고 한다. 사라는 오프라의 프로그램에 출연하기도 하였다.

"감사의 사연들"이라는 제목의 2000년 4월 17일 프로그램에서 오프라는 "감사합니다. 이 말이 기적을 일으킵니다."라는 말로 시작하였다. 사라가 초대 손님이었고, 다른 초대 손님들은 감사 일기에 대하여 토론하였다. 부부인 존[John]과 카렌 캘빈[Karen Calvin]은 1982년 자동차 사고로 목 부위 아래가 마비되어, 우울증과 자살 충동을 느꼈던 아내의 회복에 대하여 이야기하였다. 남편의 지속적인 노력으로 회복된 카렌은 이렇게 말하였다. "다시 한번 존에게 감사합니다. 스스로도 알지 못했던 나 자신을 알게 해 주었거든요." 간호사인 카렌은 국립 척수부상 상담전화 National Spinal Cord Injury Hotline 에 근무하고 있다.

이어지는 프로그램에서 줄스 Jules 와 얀 브룸 Jan Broom 은 딸 섀넌 Shannon 이 감사 일기를 통하여 어떻게 달라졌는지 이야기하였다. 딸 섀넌이 교통사고로 사망한 이후에야 그들은 이 일기를 읽을 수 있었는데, 딸의 그림과 글을 2만 개의 책갈피로 만들어서 선물하였다. 그들의 슬픔을 '책갈피 치료'로 승화시킨 것이었다. 오프라는 이렇게 말하며 프로그램을 끝맺었다. "당신이 이미 가진 것에 대하여 감사하기 시작한다면, 당신은 더 많은 것을 알기 시작한 것입니다. 이미 가진 것을 보게 됨으로써 앞으로 더 풍성하게 갖게 될 것을 보게 되는 것입니다."

다른 프로그램에서도 볼 수 있듯이, 실제 사연은 가르치는 동시에 간증이 된다. 오프라는 설교자처럼 증거를 원하고, 감사함이 그들의 삶에 어떠한 영향을 미쳤는지 그 증거를 기꺼이 보여 주는 이들을 출연시킨다. 출연자들은 긍정적인 사고와 회복력, 그리고 감사함을 북돋워 주는 모범적인 존재다.

극복과 희망

2001년 9월 11일 테러 이후, 오프라의 프로그램에서는 감사함이 상실감이나 슬픔의 극복과 치유를 어떻게 긍정적으로 돕는지 다루었다. 2001년

11월 21일 "당신의 삶에 감사하세요"라는 프로그램에는 테러로 직·간접적인 영향을 받은 초대 손님들이 출연하였다. 납치된 비행기에서 남편을 잃은 리즈 글릭Lyz Glick은 "모두가 그렇듯이 저는 제 삶을 보듬을 수가 없었고, 9월 11일의 비극 이후 더 이상 살고 싶지 않았습니다. 그저 현재 상황에서 감사함을 찾을 수밖에 없었습니다. 내가 가진 것에 대하여 감사했지요. 그와 함께한 5년간의 결혼생활에 대해서도요."라고 말하였다. 관련된 다른 초대 손님들은 현재 무엇이 가장 중요한지를 다른 각도에서 인식하기도 하였다. 어떤 이는 남아프리카의 농아학교에서 자원봉사하는 것으로 그의 삶의 계획을 바꾸겠다고 말하였다.

이 프로그램에서 어떤 이들은 노골적이지 않게 기독교적인 관점을 이야기하였다. 오프라는 중세 기독교의 신비주의자였던 에크하르트Meister Eckhart의 말을 인용하면서 프로그램을 시작하였다. "당신이 삶을 통틀어서 바칠 수 있는 기도가 감사함뿐이라면, 그것으로 족합니다." 오프라는 글릭에게 가족을 위하여 기도하겠다고 하였고, 종교적인 감사 일기를 매일 써 보라고 부담 없이 이야기하였다. 또한 오프라는 글릭에게 남편과의 물리적 관계가 이제는 영적인 것으로 변화되었는지 물었다. 그녀는 시청자들에게 모든 이들을 거룩하게 사랑할 것을 촉구하였고, 시간 낭비 없이 지금 주어진 시간에 감사하라고 말하였다.

이틀 전, 프로그램의 주제는 "감사하는 날"이었다. 오프라는 프로그램을 시작하고 끝맺을 때, 에크하르트의 말을 인용하였는데, 이 프로그램의 초대 손님들은 9·11 테러의 영향을 받은 사람들이었다. 납치당한 비행기가 워싱턴의 펜타곤에 충돌하였을 때, 부상을 당한 쉴라 무디Sheila Moody는 같은 건물 내의 요리사에 의하여 구조된 사연을 비디오테이프로 만들었다. 프로그램에 출연한 요리사 크리스토퍼 브라만Christopher Braman은 자신의 입장에서 당시 상황을 묘사하였다. 브라만과 무디 두 사람 모두 간구하는 기도를 드렸던 것이다.

무디는 말했다. "그 당시, 저는 '하나님, 하나님, 도와주셔야 합니다.' 라고만 외쳤습니다." 브라만도 당시 자신의 기도를 설명하였다. "저는 '하나님이시여, 저에게 행동할 수 있는 능력을 주십시오.' 라고 기도했습니다."

오프라는 무디의 사연에 감동을 받은 듯하였다. 오프라는 그녀에게 "당신이 '하나님, 하나님!' 하고 불렀더니, 요리사인 브라만이 나타났군요." 라고 말하였다. 오프라는 구조자의 출현이 우연이 아님을 말하고 싶었던 것이다. 하나님을 언급하는 것은 오프라 프로그램의 출연자들에게 잘 허용되지 않는다. 그러나 이것은 무디와 브라만에게는 중요했다. 그들은 오프라가 가끔 부르는 복음성가를 부르기도 하였다.

"받은 복을 세어 보아라."라는 말은 종교적으로 들린다. 그러나 그것은 긍정론자들에게 충분히 세속적으로도 사용될 수 있다. 1993년 11월 24일에 방영된 "추수감사절 프로그램 직전 오프라의 날"이라는 프로그램에서는 가족 불화에도 불구하고 휴가를 떠나게 하는 곤혹스러운 휴일을 보여 주었다. 오프라는 추수감사절의 의미를 언급하면서 프로그램의 서막을 열었다. "추수감사절은 받은 축복을 세어 보는 데 그 참의미가 있음을 우리는 알고 있습니다. 정말 모두 알고 있으리라 믿습니다." 초대 손님들은 그 말에 동조하였다. 프로그램이 끝날 무렵, 오프라는 1개월 전 화재로 집을 잃은 사람들을 인터뷰하였다.

감사의 모델을 보여 주는 말과 사연을 넘어서, 오프라는 연습의 기회를 제공한다. 연습은 사람들이 기술과 습관을 습득할 수 있도록 돕는다. 오프라 역시 반복과 강화를 통하여 감사를 가르친다. 그녀의 웹 사이트에는 감사에 대한 인용문이 있는 무료 이카드 e-cards가 있다. 주제와 관련한 인용문들로 가득한 "오늘의 생각"이라는 코너의 주제 중 하나가 '감사'다. 인터넷에서 일기를 계속 쓰며, 공동체가 함께 일기를 공유할 수도 있고, 개인적으로 보관할 수도 있다. 오프라는 2000년 4월 17일 "감사의 사연들"이라는 프로그램을 끝맺으면서 위의 자원들을 이용하라고 공지하였다. "편하게 할 수 있는 방법이 있습니다. 오프라 웹 사이트로 가세요. 일기를 쓰기만 하면 되도록 다 갖추어져 있습니다."

감사에 대한 탐구

캘리포니아 대학의 심리학자인 로버트 에몬스Robert A. Emmons, 마이애미 대학의 데이비스Davis와 마이클 맥컬로Michael McCullough는 감사 일기를 쓰는 사람들이 문제 자체를 중립적으로 기록하는 사람들보다 더 건강하고, 긍정적이며, 삶에 대한 만족도가 높다는 것을 보여 주었다. 감사 목록을 쓰는 사람들은 개인의 중요한 목표에 더 빨리 도달하였다. 다른 연구자들도 감사하는 것이 문제 극복의 최우선 방법이라고 하였다. 감사하는 사람들은 스트레스가 많은 사건들을 훨씬 더 잘 극복한다. 이러한 감사는 신앙이나 영적인 면과 연관되어 있기도 하다. 종파에 상관없이, 더 많이 감사하는 사람들은 물질에는 덜 집착하고 영적인 힘이 훨씬 더 강하다. "의도적으로 축복에 집중하면, 사람 사이에서 나눌 수 있는 감성적인 이익이 있습니다."라고 에몬스와 맥컬로는 2003년 연구에서 주장하였다(미주 2). 이것을 경험한 사람들은 비슷한 방식으로 다른 이들에게 동일한 혜택을 자발적으로 선사하는 경향이 있다.

오프라는 감사함을 연습시키기 위하여 대중매체나 기회를 활용한다. 「오프라 매거진」의 2000년 11월호 주제는 "감사"였다. 추수감사절 달의 필수적인 선택이었다. 오프라는 "감사"라는 주제로, 대량 학살의 생존자였던 작가 엘리 위셀Elie Wiesel과 인터뷰를 시작하였다.

오프라 : 감사함을 이야기하는 이들 중에는 선생님이 최고일 것입니다. 모든 불행을 목격하였는데도, 정말 마음속에 감사함이 있으신지요?

위 셀 : 물론입니다. 전쟁 직후에도 나는 사람들에게 "인간으로 사는 삶에 감사하세요."라고 말하면서 다녔습니다. 따라서 오늘날까지 내 입으로 가장 많이 하는 말은 "감사합니다."입니다. 감사할 수 없는 것은 인간미가 상실된 것을 의미합니다. 감사함으로써 거의 모든 행동의 방향이 정해집니다.

또다른 유명 작가의 감사에 대한 의견이 2000년 7월과 8월호 잡지에서 거론되었다. 전 영부인 힐러리 클린턴Hillary Clinton은 영적인 소재로 글을 쓰는 유명한 가톨릭계 작가인 헨리 나우웬Henri J. M. Nouwen이 그녀에게 받은 축복을 세어 보도록 가르쳤다고 하였다. "예전에 나는 감사하는 습관도 없었고,

그러한 훈련을 받은 적도 없습니다. 그런데 이 감사함이 나에게 즉각적인 도움을 준다는 사실을 알았습니다."

오프라의 복음에는 감사함을 반복해서 알리는 알림 서비스 같은 면이 있다. 설교하지 않고도 가르치는 것이다. 오프라는 이 미덕에 대하여 늘 마음을 열어 놓고, 그러한 모범을 보이는 사연을 찾아 나선다. 그녀는 강요하는 듯한 목소리로 시청자들에게 무엇을 해야 하는지 명령하기도 한다. "무엇보다도 감사하시라구요." 그러나 보통 그녀는 명령보다는 미묘한 말로 가르친다. 사연을 통하여 자연스럽게 교훈을 알려 주고, 보다 더 직접적으로는 스스로 '감사의 여신'이 되도록 한다.

습관적으로 기도하세요

'기도'는 감사함을 훈련시키는 또다른 방법이다. 「오프라 매거진」 2004년 8월호의 짧은 글에는 "식사 전에 받은 은혜를 직접 말하거나 기도로 표현하라."고 가르치고 있다. 작가 로렌 위너$^{Lauren\ F.\ Winner}$는 "감사함을 직접 말하는 것이 식사를 기념행사로 변화시킨다."라고 말한다. 기도할 필요조차 없이 즐겁게 식사하도록 만드는 것이다. 감사하는 이들은 잘 사는 방법을 알고 있다. "받은 은혜를 말하는 것은 감사기도의 감사함뿐만 아니라 고요하고 우아한 은혜를 충분히 누리며 살고 있다는 것을 시사합니다."라고 위너는 덧붙인다. 감사함을 고백하는 것만으로도 잘 살 수 있다면 누가 잘 살기를 바라지 않겠는가? "반드시 감사하라."는 채찍은 '보상'이라는 대가로 바뀌게 될 것이다.

라이언^{M. J. Ryan}은 현대의 미덕 중에 감사함을 꼽는다. "인내, 친절, 감사, 관용 등 마음의 본질을 강조하는 현대의 미덕은 양육될 수 있다."고 그녀는 전한다. 감사함은 무엇이 옳은지 자주, 그리고 규칙적으로 알려 준다. "운전하며 출근할 것인가, 저녁 식사 테이블에서 대화를 나눌 것인가, 일기를 쓸 것인가 등을 선택할 수 있게 해 주는 것이 감사의 기술입니다."

많은 이들처럼 나도 감사 일기를 쓴다. 물론 이것은 오프라가 내게 가르쳐 준 것으로, 영적 능력 형성 그룹에도 참여하던 2004년에 시작하였다. 우리 그룹은 매일 영적인 것을 떠올리는 것을 규율로 정하였다. 그래서 나는 감사 일기를 선택하였다. 스스로 실천할 수 있는 것 중에 가장 쉽고 자연스러워 보였기 때문이다. 실제로 그 이후, 나는 매일 습관적으로 일기를 쓰고 있다. 특별히 감사할 일이 없는 날에도 나는 감사 일기를 쓴다. 감사함뿐만 아니라 통찰력을 주기 때문이다. 상황에 관계없이 지속할 수 있는 일관성은 개인적으로 감사를 느끼는 것보다도 더 중요한 습관이다.

나는 이 감사 일기에 대하여 감사하게 되었다. 써야 한다는 강박관념도 없다. 감사 일기는 나에게 모든 것을 당연히 여기거나 함부로 여기지 않도록 돕는다. 오프라의 프로그램에 출연하여 사연을 함께 나누면서 깨닫게 된 이들도 마찬가지일 것이다. 지나간 일, 기쁨을 주었던 일, 솔직한 선물, 수줍은 고백, 때로 아주 나중에 받게 되는 선물까지도 나는 집중할 수 있게 되었다. 학자들이나 오프라 프로그램의 초대 손님들을 통하여 나는 연습하면 감사하는 법을 배울 수 있다는 사실을 깨달았다. 감사는 노력이며, 더 정확히는 습관인 것이다.

6장
상황을 단순화시키는 오프라

Oprah Makes Things Simple

    오프라 윈프리의 장점 중 그녀만의 '단순함'을 좀더 자세히 알아보자. 그녀만의 단순함은 단지 모든 것을 최소화시키는 것만이 아니다. 「오프라 매거진」은 넘치는 광고의 위력에 현란한 색상을 가미한, 사이즈도 약간 큰 잡지다. 이처럼 그녀가 전하는 메시지의 분위기는 절제되었다기보다 오히려 넘친다. 이 잡지의 편집 방향은 '방대한 규모의 활기가 넘치는 화려한 이미지들의 축제'다. 이 잡지의 편집장인 에이미 그로스[Amy Gross]는 「미디어위크」[Mediaweek]와의 인터뷰에서 "오프라의 스타일이 고고하고 우아한 꽃병에 꽂힌 한 송이 꽃과 같은 것이 아님을 오래 전에 깨달았다."고 말했다(미주 1). 잡지 안에는 "쉬어 가는 페이지"라고 이름 붙인 고정란을 두었는데, 두 페이지를 덮는 자연 풍경과 함께 쉬어 가라는 뜻의 몇 문장으로 '보이는 휴식'을 제공하는 것이다.

오프라는 부유함을 중요시한다. 재산이나 영욕을 거부하는 청빈함이 곧 믿음이라는 인식이 팽배해져 있기 때문에, 오프라가 추구하는 이 부유함과 신앙은 관련이 없어 보일 수도 있다. "모든 것을 버리고 따르라." 하신 예수님의 말씀은 더 좋은 근거가 되며, 성직자들은 늘 청빈함으로 살고 있지 않은가? 부처의 구도 여행도 극단적인 금식이 그 시작이었다.

그러나 성경의 예화는 다른 시각을 보여 준다. 백성들이 굶주림을 참지 못할 때, 예수께서는 빵과 물고기로 식사를 만들어 주셨다. 예수님은 진수성찬(사프란-로즈메리 브리오슈를 곁들인 생선요리를 의역함-역자주)이 아닌 양이 풍족한 식사를 마련하셨고, 그 결과 5,000명을 먹이시고도 12개 광주리나 남게 되었다. 예수님의 첫 번째 기적은 결혼식 잔치에서 어머니의 부탁으로 최고급 포도주를 만들어 대접하신 것이었다. 실제로 예수님은 사람들과 식사하는 데 많은 시간을 보내셨는데, 때로는 평판이 좋지 않은 사람들과도 같이 식사를 하셔서 당시 종교계를 분개시키기도 하였다. 과도한 금식을 하던 부처도 단식을 함께한 첫 제자들이 있었으나 득도 이후에는 중용을 가르쳤다.

　　요점을 말하자면, 세속적인 것에도 나름대로 유용함과 기쁨이 있다는 것이다. 단순성을 가치 있게 활용하면, 그 유용함과 기쁨을 잘 다스릴 수 있다. 단순한 삶은 잡다한 일이 아예 없는 것이 아니라 그 잡다한 일을 막힘없이 현명하게 활용하며 사는 것이다.

　　여기에서 오프라는 좋은 예가 된다. 그녀는 로션이나 물약, 유행 상품 등을 고를 때 쇼핑 목록을 제시하는 안내자다. 「오프라 매거진」에는 "오프라의 순위 목록"이라는 고정란이 있다. 지갑부터 베개까지 다양한 가격대의 개인용품 및 가정용품이 정선된 목록인데, 오프라의 팬들은 그녀의 의견을 참고하여 쇼핑한다. 이렇게 오프라는 다양한 화젯거리를 만들며, 여러 가지 좋은 상품과 좋은 일의 감정위원 역할을 하고 있다. 2004년과 2005년의 TV 방송을 시작할 때, 오프라는 새 차를 갖고 싶어하는 청중들에게 폰티악Pontiac G6(미국의 자동차 모델명 - 역자주) 276대를 내주었다. 오프라와 연관된 이미지 덕분에 폰티악 G6는 차 자체에 있어서나 홍보 전략에 있어서 차별성을 갖게 되었다고 폰티악 G6의 홍보부장은 말했다. 메리 쿠비트스키Mary Kubitsky는 「디트로이트 신문」Detroit Free Press에서 이렇게 말했다. "지금 이 순간 외부에서 많이 회자되고 있습니다. 우리는 새로운 역사를 쓰는 방법을 찾았던 것입니다"(미주 2).

오프라의 파급력은 잘 알려져 있다. 휴일 프로그램인 "오프라가 좋아하는 것들"은 청중들에게 매해 보물창고가 되었다. 1996년 명절 선물 증정부터 시작하여 2004년에는 방청객이었던 교사 1인당 15,000달러 상당의 대박 경품을 나누어 주었다. 10년은 젊어 보이는 비결에 관한 프로그램이 방영된 2005년 2월 22일 이후에는 오프라가 얼굴에 바른다고 했던 화장품의 이름을 알고 싶다고 문의하는 네티즌들로 게시판이 달아오르기도 했다. 그녀가 고른 책마다 베스트셀러로 만들었던 오프라 북 클럽은 그녀가 눈에 띄는 성공을 거둔 확실한 예다.

이것이 얼마나 단순한 일인지 아직도 파악하지 못하는 사람들도 많다. 오프라를 지켜보는 사람들은 그녀의 말 한마디가 베개에서부터 양초, 그리고 다양한 립스틱에 이르기까지 소비 물품의 판매를 증진시킨다고 한다(미주 3). "오프라가 좋아하는 것들"의 가격이 오를 때마다 무엇인가를 비우거나 채워 넣어야 할지도 모른다. 2004년 12월호 「오프라 매거진」의 "오프라의 금빛 노트북"이라는 코너에서는 명절 실내장식으로 금색의 액세서리들을 선보였다. 그 '우아하고 호화찬란한' 제품들 중에서 금 장식끈의 가격은 325달러였다. 그렇지만 오프라는 대다수의 경우와는 다르게 좋은 것과 지나친 것을 구분할 수 있고, 풍만한 것과 뚱뚱한 것을 구분할 줄 아는 사람이라고 자신을 표현한다. 오프라의 말들은 물질적이지만 제한선이 있다.

넘쳐서 쌓여 있는 것들이 결국 가정의 잡동사니가 되어 또 하나의 문제가 되는 경우도 있다. 2004년 11월 18일 "집 안 정리 어떻게 할까요?"라는 프로그램에서는 어느 여성의 집 안 대청소 과정을 공개했다. 동물의 배설물과 썩어 가는 음식으로 가득 찬 집을 다룬 프로그램이었는데, 당시 수백만 미

6장 상황을 단순화시키는 오프라

국인들의 강박관념적인 보관 습관을 "더러운 비밀"로 묘사하였다. 사회병리를 다룬 프로그램이 늘 그렇듯, 전문가가 인터넷에 정보를 추가하면서 설명하는 방식이었다. 2004년 11월 9일, 오프라는 그녀의 장롱 청소를 쇼로 만들어서 방송에 내보냈고, 자선 바자회 행사도 겸하였다. 그녀는 옷장을 간소화하고 정돈하는 것을 "시각 치료"라고 명명하였고, 시청자들에게도 옷장을 청소하고 정리할 것을 촉구하였다. 그리고 하포^{Harpo}(오프라의 이름을 거꾸로 써놓은 프로덕션 회사 이름 – 역자주)의 직원들은 옷장에서 정리해 낸 것들을 사들였다. 청중들에게 옷을 경매로 팔아 만들어진 40,000달러 이상의 기부금은 오프라의 공공 자선 단체인 오프라 엔젤 네트워크$^{Oprah's\ Angel\ Network}$를 위하여 쓰여졌다.

「오프라 매거진」 2004년 9월호에는 "천재처럼 쇼핑하라"는 제목의 안내서가 있는데 광고 투성이인 334쪽에 있는 권고 사항과 조언이 흥미롭다. 각 문제에 대한 결론을 내려 주는 오프라의 고정 칼럼인 "내가 확실히 아는 것"에는 골동품 가게에서의 경험담이 있었다. 18세기풍의 벚나무 화장대를 칭찬하면서 정말 필요한 물건은 아니라고 말하는 오프라에게 판매원이 맞받아 대답하였다. 그 상품이 거기에 있는 이유는 사람들이 그것을 필요로 해서가 아니라 그것을 즐기기 때문이라고. 그 순간 오프라는 깨달았다고 한다. "마음속에 간직하며 즐길 수 있는 것도 있구나."

오프라는 칼럼에서 그 화장대의 구입 여부는 말하지 않았으나 "무리하지 않을 때 즐길 수 있다."라고 쓰고 있다. 이 말은 특별히 오프라의 경험으로부터 나온 것이다. 빚을 지고 살기도 했고, 모든 것을 살 수 있는 부를 누리기도 하면서, 오프라는 경제적으로 다양한 극단을 경험하였다. 모든 것을 살 수 있는 부를 경험하는 사람은 많지 않을지라도, 빚지는 경험을 한 사람은 우리들 중에 많다. 그 칼럼의 헤드라인에 있던 메시지는 이러했다. "나는 아직도 구입 전에 두 번을 생각한다." 오프라는 독자들에게 그 뜻을 따라 달라는 충고를 하고 있는 것이다. 그녀는 '구입하지 못하게' 하지 않는다. "구입하지 마라." 말하지도 않는다.

어떻게 생각하며 쇼핑을 해야 하는지 조언을 구하고 싶다면, 잡지의 두 페이지짜리 고정 칼럼인 "생각해야 할 것"을 참고하라. 생각해 봐야 할 문제와 답란이 있는 그 칼럼은 당신이 어떻게 하면 더 높은 심미안을 가진 쇼핑객이 될 수 있는지 고민해 보라고 당부한다. 많은 지면을 차지하는 칼럼도 아니고, 자기 성찰의 시간을 크게 요구하는 내용도 아니다. 단지 몇 개의 질문만 할 뿐이다. "어디까지 옷을 입지 않을 수 있나"라는 기사에서는 옷장 속 필수 품목을 놀라울 정도로 줄여 놓는다. 두 벌의 바지, 세 벌의 치마, 한 벌의 드레스 정도인 것이다. 가을 패션의 유행 경향을 설명할 때는 최고 가격, 중간 가격, 최저 가격으로 분류하여 의상을 소개한다. 「오프라 매거진」은 일반적으로 다양한 가격대의 상품을 선보이는데, 그만큼 독자들의 가계 수입도 그 범위가 방대하다. 가계 수입 50,000달러 이하인 독자들이 1/3인가 하면, 가계 수입 100,000달러 이상인 독자들도 1/4 이상 있다. 쇼핑의 장점을 누릴 줄 아는 오프라이지만, 독자들에게 빚을 지라고 권하지는 않는 것이다.

우리는 자기 자신을 위하여 돈을 쓰기도 하지만, 그것을 다른 이들과 나눌 수도 있다. 오프라는 두 가지를 모두 실천하고 있다. 2005년 3월호 「오프라 매거진」의 주요 화제는 돈이었는데—실제로 잡지에서 늘 중요하게 다루는 것이다—"어떻게 운용하고 저축하며 다른 이들과 나눌 것인가?"에 관한 내용이었다. 스페셜 올림픽Special Olympics의 CEO인 티머시 슈라이버Timothy Shriver는 "다른 이들과 어떻게 나눌 것인가 하는 것이 돈을 소비하는 데 있어서 가장 중요한 부분이다."라는 말을 남겼다. 이 잡지에는 책갈피나 우편엽서처럼 매월호마다 독자들이 지면의 일부를 찢어서 활용할 수 있는 부분이 있다. 10달러에서 150달러 정도까지 준비되어 있는 8개의 쿠폰은 자선단체를 지정하고, 그 자선단체를 위하여 기부금이 어떻게 쓰이는지 다음과 같이 설명해 주고 있다. "르완다 여성들을 지원하는 75달러의 재봉틀. 아프리카의 에이즈 교육을 지원하는 10달러. 어려운 일이 아닙니다. 쿠폰을 떼어서 그만큼 돈을 내고 물건을 사세요. 자선단체의 주소는 쿠폰에 있습니다. 좋은 일에 보다 쉽게 참여할 수 있습니다."

⋮ 넘치는 것은 잘라 낸다

중용의 방법으로 물질적인 것들을 소유하는 것 외에도, 오프라가 상황을 간소하게 정리하는 두 번째 방법이 있다. 정보를 간단명료하게 정리하는 것으로, 자선단체 기부 쿠폰을 제시하는 방법을 보면 알 수 있다. 그녀는 정보의 부피를 조금씩 줄여 가며 통계 자료를 선택하고, 기억에 남을 만한 문구를 만들며, 간결한 요약을 한다. TV 방송 시간대를 활용하는 방법에서도 그녀의 간단명료함은 명확히 나타난다. TV 방송 시간대는 시간이 돈이어서 광고를 적절히 끼워 넣어야 할 필요가 있다. 여러 가지 세부 사항이나 사연들을 편집하거나 묶어서 정보를 전달할 때, 그녀는 대중매체를 활용한다.

원래 TV는 숫자, 미묘한 차이, 서로 다른 것들, 조건부 승낙 등의 복잡한 정보를 실어 나르기에 적합한 매체가 아니다. 오프라 윈프리 쇼가 화젯거리를 소개할 때는 토크쇼 초청자의 이야기이든, 방송 주제에 관한 정보이든 시각적으로 선명하게 당사자에게 잘 맞추어져 편집된다. 이와 같은 점에서 오프라는 주어진 시간을 효과적으로 사용하는 데 숙달된 사람이었다. 1980년대부터 1990년대 초반의 프로그램은 시청자의 참여를 유도하느라 오프라가 방청객 한가운데 서서 질문과 반응에 재치 있게 대응해 주고, "쇼를 마치겠습니다."라고 선언하거나 말하는 사람의 말을 자르면서 끝맺는 방식이었다. 1988년 9월 12일에 임신 중절 반대자들에 관한 쇼를 끝맺을 때는 "이 프로그램은 다른 어떤 내용과도 관련이 없음을 알려 드립니다. 유태인 여러분, 좋은 설날 맞이하세요!"라고 했지만, 2004년 6월에 나간 1시간 분량의 세계 여성 방송인에 관한 프로그램을 할 때는 이와 대조적이었다. 갑작스럽게 간접적인 여행을 경험하는 시청자들을 30개국으로 데려다 주기 위하여, 7개의 상업 광고 방송을 수용했던 것이다.

문화적 정보의 출처로서, 오프라는 정보 관리자다. 그녀의 청중들에게 닿는 정보는 우선 사실에 입각하여 있고, 정서적으로 채색되어 있으며, 오프라가 실제로 그렇게 하고 있듯이 만사를 조금 다르게 사고하도록 유도한다. 이처럼 간결하고 구체적인 어휘와 주제—아프리카의 에이즈, 콩고의 여성들, 학대 범죄자들—를 활용하는 오프라의 프로그램은 서로 도움을 주고받을 수 있도록 후속 조치나 소재의 출처, 관련 동호회 등의 추가 정보를 웹 사이트에서 제공한다.

오프라는 사적인 의견을 내놓지 않기로 유명하지만, 때로는 안내자

역할을 하며 구체적인 대책을 내세우기도 한다. 2005년 1월 24일, 콩고 여성의 성적 수탈에 관한 프로그램을 끝맺으면서 오프라는 다음과 같이 말하였다. "당신은 이미 들었습니다. 그러니까 듣지 않은 척을 할 수도 없습니다." 오프라는 또한 "호텔 르완다Hotel Rwanda를 보셔야겠습니다."라고 명령하듯 말하였다. ("호텔 르완다"는 1994년 르완다 대학살 때 1,000명 이상의 목숨을 구해준 호텔 경영자에 관한 2004년 영화다. 그 분쟁으로 인하여 콩고 주변 국가로 군인들이 파병되었다.) 호텔 고객 중의 한 명이었던 자이납 살비Zainab Salbi는 여성 인권 단체 Women for Women International에서 일하는 여성이었다. 오프라의 시청자들은 쉬운 일을 부탁받았는데, 이 여성인권 단체에서 일하는 여성들을 통하여 콩고의 또다른 여성에게 편지를 보내는 것이었다. 그들은 아프리카의 유엔평화유지군에 입단하라는 요구를 받은 것이 아니었다. 오프라는 전 세계적인 자각을 촉구하면서도, 편지 쓰기나 자원봉사 등 '실천에 옮길 수 있는 일'로 상황을 단순화시켰다. 그녀는 안내자로서, 여성들을 교육시키는 데 관심을 가지고 있었다. 그녀는 그것을 "힘 실어 주기"라고 불렀는데, 연민에 호소하기 마련인 세상에서 여성들의 좌절감이나 무력감을 없애는 데 도움을 주었다.

오프라는 이렇게 문제를 다룬다

오프라는 정치성이 눈에 띄지 않게 하는 것을 원칙으로 하고 있다. 그렇다고 의병이나 유격대원처럼 행동하는 것도 아니다. 2000년 11월 오프라는 민주당 대통령 후보인 엘 고어^(Al Gore)와 인터뷰하는 것으로 TV 방송을 시작했다. 8일 후에 그녀는 공화당 대통령 후보인 조지 부시^(George W. Bush)를 인터뷰하였다. 이렇게 동일한 시간을 할당하여 방송하는 방식은 여성 유권자 동맹의 후보자 공개 토론과 비슷하다. 2004년 대통령 선거에서 오프라는 다만 선거에 참여할 것을 권유했을 뿐이다. 2004년 9월 29일 프로그램에서는 청중들에게 유권자 등록을 해야만 하는 이유를 설명했다. 그녀는 여성들에게 여성들이 중요한 차이를 만들어 낼 수 있다고 호소하였다. 여러 통계의 숫자들을 제시하거나 사회적 이슈에 대한 후보자들의 입장을 요약하는 대신, 그녀는 얼마 안 되는 소규모이지만 상세함을 택했다. 2000년 부시가 당선되는 데 결정적 역할을 한 플로리다 주의 537표차에 집중한 그녀는 유권자로 등록하지 않은 흑인 청중을 지목하며 말했다. "미국 흑인 여성으로서 어떤 대가를 치러야 할 것인지 아시겠지요?" 2004년 선거가 있던 다음 날인, 11월 3일 후속 프로그램에서 그 흑인 여성은 오프라와 시청자들에게 유권자로 등록을 했고, 선거일에 투표했다고 말했다.

  오프라는 여성 청중들에게 에이즈 혹은 아프리카 및 전 세계 여성들의 문제처럼 정치 행정과 연관 있는 주제에 대하여 무척 알려 주고 싶어한다. 그렇다고 그녀는 '이슈' 라는 추상적인 언어를 사용하지 않는다. 2003년 4월호 「오프라 매거진」의 화제는 그녀가 2002년에 남아프리카를 여행한 내용이었는데, 오프라는 그 여행을 그녀 자신을 위한 크리스마스 선물이라고 쓰고 있다. "나는 에이즈를 박멸하거나 빈곤 타파와 경제적 발전을 촉진시키려고 남아프리카에 간 것이 아니다. 단지 나는 어린이들이 행복했다고 기억할 수 있는 하루를 만들고 싶었을 뿐이다." 오프라의 이러한 모습은 독자들에게 더 호소력 있게 보였고, 실천하기 더 쉬운 방법으로 비쳐졌다.

"어린이들을 행복하게 하는 것" 오프라는 이렇게 겸허한 어투로 이야기한다. 추상적이지 않으면서 '남미의 빈곤 타파'처럼 지나친 요구도 아니다. 누구든 적어도 하루 동안은 한 어린이를 행복하게 해 줄 수 있는 것이다. 오프라는 50,000명의 어린이들을 행복하게 해 줄 수 있는 능력이 있었지만, 중요한 일을 하는 데 '그와 같은 규모'가 요구되는 것은 아니다. 축하 파티를 열고, 선물을 나누어 주는 등의 '인간적인 것'이 중요한 것이다. 어린이들에게 기억에 남을 만한 하루를 만들어 주는 것은 어린이들의 삶을 윤택하게 만드는 구체적인 행동이며, 오프라가 늘 전력하여 추구하는 사명 중 하나다.

"나는 그녀가 가만히 앉아서 과학적·사회적·정치적 분석을 하는 것이 아니라고 생각합니다."라고 루이지애나의 사비에르 대학 흑인 천주교 연구 기관의 학장이자 신학 교수인 제이미 펠프스Jamie T. Phelps는 이야기하였다. "오프라의 미덕은 평범한—우리들 대다수의 모습인—사람들이 공감한다는 것입니다."

체중을 줄이고 싶은가? 일 보로 시작하여 하루에 만 보 걷기를 하라. 실망스러운 인간관계를 떼어 내고 싶은가? 다음 구절을 계속 복창하라. "그는 당신을 진짜 좋아하는 게 아니다." (단도직입적이지만 신경을 건드리지 않는 이 말은 2004년 9월 22일 프로그램에서뿐만 아니라 베스트셀러 처세술 책의 주제이기도 하다.) 오프라는 이렇게 문제를 다룰 때 솔직함이 담긴 언어로 순화하여 경각심을 일깨운다.

감사를 표시하려고 노력하는 것은 좀더 추상적인 일이겠지만, 오프라는 이것을 간단한 실천으로 풀이하려고 한다. 수년 동안 그녀는 감사 일기를 활용하자고 주장했다. 2000년 4월 17일, "감사하는 사연들"이라는 프로그램의 방송 끝 무렵에 오프라는 감사함을 실천하자고 시청자들에게 촉구했고, 그렇게 할 수 있는 방법을 안내해 주었다. "감사함을 표현할 수 있는 편안한 방법이 있습니다. 오프라 인터넷에 지금 접속하시면 모두를 위한 인터넷 일기장이 준비되어 있습니다. 당신이 이미 가지고 있는 것을 눈으로 확인한 이후에야 감사와 깨달음을 표현한다면, 이것은 철학자들이나 하는 짓입니다. 그 외의 사람들은 구체적인 5개 사항을 나열하는 간소한 목록만 있으면 됩니다. 펜을 들거나 자판을 두드리는 것은 누구나 할 수 있는 간단한 일입니다."

오프라의 간단명료한 의사소통은 행운 과자(중국 음식점에서 나누어 주는 과자. 과자를 쪼개면 행운의 메시지가 들어 있다. - 역자주)에서 얻을 수 있는 지혜나 팝송에서 들을 수 있는 경망스러운 철학처럼 과소평가되어 왔다. 그러나 호소력은 늘 간소한 화법으로부터 나온다. 여성과 남성의 화법 차이를 다룬 책인 「당신은 단지 이해하지 못할 뿐이다 : 남녀의 대화」You Just Don't Understand : Women and Men in Conversation로 잘 알려진 언어학자 데보라 탄넨Deborah Tannen은 이렇게 말한다(미주 4). "TV가 가족 간의 의사소통 매체라는 것을 오프라는 파악하고 있었다. 오프라는 그녀 자신이 신경 쓰는 것을 다른 사람들도 신경 쓰도록 만든다." 걸으면서 대화하는 오프라는 그녀 자신의 관심사에 다른 사람을 끌어들이려고 TV를 활용하는 것이다. 그녀는 역시 간단명료함—그녀의 메시지를 기억하기 쉽도록 짧게 만들어야 하는—을 이용하였다. 인류의 정신적인 스승을 포함하여 훌륭한 선생들도 오프라처럼 했다. 부처는 '사성제'와 '팔정도' 같은 목록을 만들었다. 모세가 받은 계명은 단지 10개였을 뿐이다. 이슬람교에는 어렵지만 무한대이지 않은 99개의 알라 이름이 있다.

단순하게 설명해 보자.

「헌신의 약속」 A Testament of Devotion 은 20세기 퀘이커 Quakers 교도인 토마스 켈리 Thomas Kelly 의 작지만 영향력 있는 책이다. 켈리는 '간소함'을 '하나님의 뜻에 복종하여 얻는 결실'로 이야기한다. 그러면 간소함은 힘들지 않다. 일하는 중에 기도하며, 바쁜 하루 중에 하나님의 존재를 느낄 수 있는 것이다. 켈리가 '성심' singleness of eye 이라고 부르는 내면적인 간소함—간소한 영혼—은 직장, 가족, 자원봉사 등의 다른 일과 공존할 수 있다. 올바르게 사용할 수 있고, 즐길 수 있기 때문에 간소함은 선행과도 공존한다. 이렇게 하면 야망과 선행이 서로 방해되지 않는 것이다.

많은 종교들이 하나님의 뜻에 복종하는 것에 대하여 이야기한다. 이슬람교에서는 이것을 말 그대로 '항복'이라고 풀이한다. 오하이오의 침례교 교회에서 오프라는 "내게 있는 모든 것을"을 인용하고 찬양하며, '모든 것을 내어 놓는 삶'에 대하여 신도들에게 이야기했다(미주 5). 저드슨 벤터 Judson W. Van De Venter 는 20세기에 들어서면서 찬송가 50장("내게 있는 모든 것을")을 작곡했다. 그때 그는 예술가가 될 것이냐 복음을 전할 것이냐의 직업 문제로 갈등하고 있었는데, 결국 눈에 보이는 예술을 포기하고, 찬송가 작곡가가 되었다. 그는 자신의 야망을 내려놓았지만, 창작력까지 포기한 것은 아니었다. 오프라의 경우, 그렇게 TV를 선택했다. 그녀는 심지어 하나님이 그녀에게 TV를 골라 주셨고, 그녀가 그것에 순종했다고까지 말한다.

6장 상황을 단순화시키는 오프라

7장
경청하는
오프라

Oprah Listens

제가 과거의 죄(당신의 거룩한 의식과 믿음으로 저의 영혼을 변화시키는 동안, 당신이 축복으로 용서하고 덮어 주었던)를 고백하기 위해서 사람들이 읽고 들을 때 마음에 감동을 일으켜, 제가 절망 속에 멍하니 있거나 "저는 못 합니다."라고 말하지 않게 하소서. 연약함을 깨달을 때, 약함이 강함 되었던 당신의 자비와 온정 안에 깨어 있게 하소서. 과거의 잘못에 얽매여 자유롭지 못한 자들의 말을 경청하는 사람에게는 그것이 기쁨입니다.

- 어거스틴, 「참회록」

말투가 딱딱하기는 해도 어거스틴은 훌륭한 토크쇼 초대 손님이 되었을 것이다. 400년에 쓰여진 「참회록」은 하나님의 영적 맞춤 프로그램을 통하여 변화된 삶에 관한 비망록이다. 어거스틴은 참회록이 치유의 효과가 있

으며 좌절감을 줄여 주고 약한 것을 강하게 한다고 하였다. 또한 '과거의 잘못'을 들어 주는 것은—어거스틴은 참회하고 거듭나기 전에 파티광이었던 듯하다—다른 이를 유익하게 하는 일이라고 하였다. 고백하는 것과 들어 주는 것은 고백하는 사람뿐만 아니라 듣는 자도 강하게 하는 것이다.

    오프라 윈프리 쇼는 고해소로 유명하다. 오프라는 과거의 잘못에 대하여 이야기하며, 초대 손님들은 그들의 살아가는 이야기를 들려주어 용기를 주거나 경고를 준다. 오프라가 열린 마음으로, 다양한 초대 손님들의 이야기를 들을 때 판단하지 않고 들어 주는 것이 고맙다고 팬들은 말한다. 그녀의 인터뷰 대상은 전직 대통령에서부터 전직 성매매 여성까지, 어린이 성추행 전과자부터 도덕적 영웅 남미 대주교 데스몬드 투투Desmond Tutu까지 다양하다.

오프라의 초대 손님들은 어린이 성도착증, 강간, 간통, 살인, 중독, 폭행, 그리고 모든 중범죄와 경범죄를 고백한다.

2004년 1월 프로그램인 "나는 나의 성추행범을 쏘아 죽였다"는 초대 손님과 소재를 잘 혼합하여 요점을 제대로 집어내는 오프라의 작품이었다. 두 초대 손님의 실화를 보여 준 그 쇼는 유명 성직자인 제이크[T. D. Jakes]의 소설을 원작으로 한 "여자여 해방되었노라"[Woman Thou Art Loosed]라는 영화를 만들어 내기에 이르렀다. 성적으로 학대당한 피해 여성들을 상담한 경험으로부터 소설의 소재를 끌어 왔던 제이크는 직접 영화에도 출연했다. "사실이 밝혀지는 것이(세상에 드러내는 것이) 어떻게 여성들을 도울 수 있습니까?"라는 오프라의 인터뷰 질문에 제이크 목사는 이렇게 답하였다. "그들이 고립되어 있지 않다는 것을 알게 해 주면, 오프라 당신의 경우처럼 경험을 경계 신호로 전환시킬 수 있게 되니까요."

말하기

비밀은 여러 가지 이유로 밝혀진다. 잘못한 것을 고백하고, 잘못된 행위를 밝히며, 나쁜 것을 고치고, 숨겨진 문제에 도움을 구하기 위해서다. 2003년 11월 12일 방영된 "가족의 비밀에 직면하기"라는 프로그램에서는 한 영화제작자가 여동생을 강간했음을 인정하며, 그 사건을 다큐멘터리로 만드는 데 참여하였다. 그는 "나는 결심했다. 이야기하지 않으면 이 침묵의 문화에는 기여하겠지만, 그것은 틀린 것이다. 밝혀져야만 한다."라고 말했다.

2004년 9월 21일 방영된 "비밀의 생활"은 두 명의 도박꾼과 한 명의 좀도둑, 그리고 테리 슐면 Terry Schulman에 관해 이야기했다. 이들은 모두 여성인데, 테리 슐면은 예전에 좀도둑이었으나 이제는 그들을 치유하고 있다. 오프라는 그 프로그램에서 일부러 반대 의견을 말하며 의심 많은 사람처럼 "나는 이런 것에 중독되는 사람들이 이해가 안 가요."라고 말하기도 한다. 그리고 좀도둑들에 대하여 물어보기도 하는데, 이것이 오프라의 의도다. 비슷한 병증을 가지고 있는 다른 사람들도 그들의 문제점을 똑바로 바라보게 하려는 것이다. 토크쇼 초청자 두 명은 경고성 일화로써 자신들의 사연을 공개하기로 하였다. 좀도둑인 엘리스 Alice는 도박자금을 마련하기 위하여 가톨릭계 고등학교에서 공금을 횡령한 경험이 있는데 "수치심과 은폐 속에서 살아서는 안 됩니다."라고 말하였다. "만약 당신이 이와 같은 일에 연관되어 있다면 다른 이에게 손을 뻗어 도움을 청하세요." 자신의 잘못을 혼자만 알고 은폐하는 것은 그 잘못으로 인한 피해자뿐만 아니라 가해자에게도 악영향을 준다. 사실이 드러나는 것에 대한 두려움, 만성화된 거짓말, 수치심은 원래 잘못했던 것과 결국 합쳐지게 된다. 또한 잘못을 계속 은폐하게 되면 그 잘못을 고치게 될 확률도 적어진다. 잘못을 드러내는 것은 피해자나 가해자에게 더 나은 상황이 만들어지는 과정이다.

이런저런 문제에 대하여 오프라의 웹 사이트는 도박꾼이나 좀도둑 문제 처리에 도움이 되는 정보를 추가로 제공하고 있다. 관련된 전국 조직의 연락처를 나열하며, 비슷한 의견이나 사연을 나누는 게시판이 마련되어 있다. 그리하여 인터넷 커뮤니티가 구축되는 것이다. 어떤 이들은 이메일 주소를 공개하여 연락을 주고받기도 하고, 어떤 이들은 문제를 다루고 해결한 경험담을 올려놓기도 한다. 중증 병리자들을 위한 여타 웹 사이트도 연결되어 있다.

도울 방법을 공개하는 것 이외에도, 자백은 정신적인 부담을 덜어 준다. 2002년 6월호 「오프라 매거진」에서 작가 프랜신 프로즈Francine Prose는 이렇게 쓰고 있다. "잘못을 털어놓으면 내 마음이 깨끗이 세탁된다는 것을 나는 3학년 때 알게 되었다." 성경에도 이러한 것에 대한 언급이 있다. "우슬초로 나를 정결하게 하소서 내가 정하리이다 나의 죄를 씻어 주소서 내가 눈보다 희리이다"(시 51 : 7). 천주교에서는 '고해성사'라는 의식을 통하여 심리적인 역동성을 회복한다. 한결같이 언급되는 주제이기도 하지만, 특히 2002년 6월호에는 '진실한 고백'에 대한 특집이 게재되었다. TV를 통하여 수많은 고백을 들은 시청자 중 한 명은 "자, 시작입니다."라는 머리글에서 이렇게 말하였다. "대중 앞에서 하는 자기고백은 자유를 가져다주지요. 하지만 TV나 조명 앞에서 고백하는 것이 중요한 것은 아닙니다. 고요히 홀로 있는 순간에 가장 어려운 모험이 찾아옵니다. 우리 자신에게 고백하는 것이지요." 잡지에는 뜯어낼 수 있는 페이지가 있는데, 자기 반성을 촉구하기 위한 민감한 질문을 싣고 있다. "생각해 보아야 할 것"이라는 그 기사는 이렇게 시작한다. "자기고백을 삶의 전략적인 첫 걸음이라고 여겨 보자. 당신 근처의 암운을 걷어내고 창조력을 위한 공간이 생기면서 내적인 평화를 가져다줄 것이다."

"오프라의 달력"이라는 또다른 고정 칼럼은 자기고백에 관한 인용구를 싣고 있다. 20세기 초반 영국 가톨릭계 작가인 마우드 페트레Maude Petre는 "말하는 도중에 우리의 영혼을 변화시키는 것이 진정한 자기고백이다."라고 말한다. 그 칼럼에서는 활동 지침도 제안한다. "영적인 지도자, 상담가, 치료 전문가 혹은 믿을 만한 친구와 함께 마음의 짐을 덜어 내는 정기적인 시간을 마련하라." 자기고백과 관련된 사연들은 누구에게, 언제, 무엇을 털어놓느냐에 관하여 마사 베크Martha Beck의 코치를 받는다. "우리는 비밀을 털어놓으려고 애써야 한다. 자기고백이 기적을 만들어 내기 때문이다. 최악의 실수와 비극을 희망의 등대로 이끄는 것은 자기고백이다." 남편과 말다툼을 한 작가 윈프레드 갤러거Winifred Gallagher는 성직자 3명, 연구 심리학자 1명, 그리고 56년 동안 가정을 이끌어 온 어머니의 자백과 회개에 관한 인터뷰를 한다. 그리고 작가 갤러거는 다음과 같은 결론을 맺는다. "자기고백을 함으로써 우리는 이 세상이, 그리고 이 세상에 살고 있는 사람들이 완벽하지 않다는 것을 알게 된다. 이를 통해 나는 나쁜 행동으로부터 선한 것이 나올 수도 있다는 어리석은 생각을 버리고, 용서와 개선이라는 거룩한 명령에 따르게 되었다."

들어 주기

들어 주는 사람이 있어야 말할 수 있다. 2002년 6월호 「오프라 매거진」의 "오프라의 달력"에서는 "열린 귀로 들으라."고 조언하고 있다. 자기편을 만들 수도 있다는 것은 자기고백의 정신적 이익 중 하나다. 즉, 나의 고백을 누군가 들어 준다는 것이다. 심리치료 요법은 해방감을 주는 효과가 있다. 마음의 짐이 덜어지는 홀가분함이나 비밀을 털어놓음으로써 구출되었다는 느낌 같은 것이다. "앞으로 나선다는 것은 무엇인가를 풀어놓는 거 아닌가요?" 2004년 10월 21일 "성적 학대를 당한 여성들, 당당히 나서다"라는 프로그램에서 오프라는 이렇게 명확히 질문하였다. 감리교 목회자였던 아버지로부터 성적 학대를 당했던 3명의 자매들과 인터뷰를 하던 오프라가 말하였다. "거부당할까 봐, 사랑받지 못할까 봐 비밀을 지키고 있었나요? 이해할 수 있습니다. 동의해요."

말하는 사람에게 누군가 자기 말을 들어 주고 있다는 느낌을 주는 것 외에도, 공감하며 들어 주는 것은 경청하는 자의 힘이다. 1998년 10월 6일 프로그램은 "감성 지능(타인의 감정을 이해하거나 수용하며 자기감정을 조절하는 능력 – 역자주)으로 일하는 것"을 다루었다. 베스트셀러 「감성지능 EQ」 Emotional Intelligence의 저자인 다니엘 골먼 Daniel Goleman 은 그 프로그램에 출연하여, 사람이라면 누구나 자신의 말을 들어 주고 이해받기를 바란다고 하였다. 오프라는 그에 덧붙여 사람들이 확인받기를 바란다고 말했다. "나에게 말했던 사람들이 수년간 이렇게 물었어요. '왜 사람들이 TV에 나와서 황당한 일들을 자백하는지 아시나요?' 아무도 들어 주지 않기 때문이었어요."

들어 주는 것은 힘이 있다. 그것은 한 사람의 존재와 경험을 존중하고 인식하는 신호와도 같다. 오프라는 2002년에 처음으로 TV 황금 시간대에 방영된 에미상 Emmy Award 시상식에서 밥 호프 인도주의상 Bob Hope Humanitarian Award 을 수여하였다. 그때 그녀는 "일생 중 가장 위대한 고통은 눈에 보입니다."라며 자신의 기본 신념을 밝힌 바 있다. "우리 모두가 바라는 것이 단지 누군가 나의 이야기를 들어 주는 것임을, 나는 이 프로그램을 통하여 알게 되었습니다. 나에게 이야기를 들어 줄 기회를 주신 분들에게 감사드립니다. 당신과 사연을 공유하는 사람들은 자신을 돌아보게 될 것이며, 변화와 승리의 힘을 짧은 순간에도 느낄 수 있게 될 것입니다."

경청하고 자백하는 것은 심리학적으로나 도덕적으로 의미가 있는데,

오프라는 그 양면을 활용하고 있다. 만약 당신이 정신적인 면을 기억한다고 하면 영적으로 공감해 주는 방법을 택한 것인데, 심리학자인 필 맥그로우^{Phil} ^{McGraw}는 어느 정도까지 들어 주고 나서야 조언을 하기 시작한다. 1998년부터 오프라의 프로그램에 출연한 심리학자 맥그로우는 삶을 바꾸자는 주제에 한 몫을 담당해 왔다. 맥그로우의 무뚝뚝하면서도 분명한 태도는 문제의 심각도와 근원을 깊이 고민하기보다 문제를 빨리 해결하고, 문제 행동이라는 잡초를 뽑아내기 위한 것이었다. 맥그로우의 이런 방법은 한 시간짜리 프로그램이나 잡지 칼럼에 알맞았지만, 모든 문제를 늘 그런 식으로 해결한 것은 아니었다. 2001년부터 2002년까지 그는 "진정한 변화를 위해"라는 프로그램을 마련했고, 사람들과 정기적인 만남을 가지며 장애 행동을 고치는 방법을 택하였다.

판단하지 않기

오프라는 개인적인 판단을 하지 않으면서도 공감해 주는 것으로 유명하다. "나는 판단하지 않는 위치에 있으려고 노력한다." 혹은 "나는 당신을 판단하지 않는다."는 오프라의 말만으로도 우리는 오프라가 어떤 사람인지 짐작할 수 있다. 이렇게 말하면, 사람들이 오프라에게 부끄럽고 어렵고 혐오스러운 사연을 털어놓을 용기를 갖게 된다는 것이다. 2004년 9월 21일 "비밀스러운 삶"이라는 프로그램에서 오프라는 시청자와 청중들에게 이야기했다. "판단을 내리기에 앞서, 당신은 다른 이들의 삶에 어떤 일이 일어나고 있는지 잘 알지도 못하는 상황인 것을 잊지 마십시오." 프로그램이 시작될 때,

오프라는 핵심을 알려 주기 위하여 다른 이들의 문제에 대하여 청중들이 편지로 보내온 반응을 읽어 주었다. "문제가 있는 9명의 여성들"이라는 프로그램에서 오프라는 청중들이 위반한 사항을 익명으로 이야기해 주었다. "너는 또 무엇을 숨기고 있느냐?"가 오프라의 암시적인 메시지였다. "너 자신을 알라."는 예수님도 가르쳐 주신 내용이다. "비판을 받지 아니하려거든 비판하지 말라 너희가 비판하는 그 비판으로 너희가 비판을 받을 것이요 너희가 헤아리는 그 헤아림으로 너희가 헤아림을 받을 것이니라"(마 7 : 1-2). 당신이 그럴 자격이 있다면 돌을 던지라는 것이다.

그와 동시에 오프라는 청중들을 판단하지 않는 위치로 조종해 간다. 그녀는 공공의 의견을 대표하는 청중들을 위하여 이야기한다. 그녀는 청중이 공감하는 판단을 예측하거나 입 밖에 낼 수도 있다. 어떤 행동에 대하여 청중을 대신하여 캐물을 수도 있으며, 청중들의 생각을 날카롭게 만들 수도 있다.

그러나 오프라는 날카로운 생각을 부드럽게 하는 데 독단적으로 행동하지 않는다. 전적으로 오프라화된 것인지 아닌지는 어렵지 않게 판단할 수 있다. 「변화하는 미국인의 종교관」 The Transformation of American Religion : How We Actually Live Our Faith 의 저자 앨런 울프 Alan Wolfe 는 무판단주의가 오늘날 미국인들의 신앙에 많이 퍼져 있다고 주장한다. 엄격히 판단하는 뻔한 신앙관과는 달리, 앨런 울프는 죄에 대한 종교적 인식이 바뀌었다고 설득력 있게 설명한다. 이해하고 수용하며 결국은 모든 것을 용서하고 양육하시는 하나님—정죄하지 않으시는 하나님—의 관점이라는 것이다(미주 1). 오프라가 그리하듯, 하나님은 들으신다. 정말로 들으시는 것이다.

그러나 판단하지 않던 오프라의 태도가 사라질 수도 있다. 특히 성적 학대자를 인터뷰할 때는 더욱 그렇다. "도대체 무슨 말이에요?" 2004년 10월 1일 "나는 성범죄자를 쏘았다"라는 프로그램에 출연한 의붓딸을 성적으로 학대하여 유죄를 선고받은 남자에게 한 말이다. 그를 인터뷰할 때 오프라는 의심하고 경멸했다. 관례적으로 하던 인사조차 하지 않았고, 악수도 하지 않았다. 2005년 2월 18일 프로그램은 "살인을 저지르는 배우자"에 관한 것이었는데, 아내를 죽인 목사가 상황에 대한 의견을 진술하는 동안 오프라는 이렇게 말했다. "당신은 앞으로 정말 제대로 살아야 할 거예요." "기억 상실증에나 걸려야 받아들일 수 있겠군요." 또한 1988년 2월 19일 "근친상간"이라는 프로그램에서는 세 딸을 임신시킨 아버지에게 이렇게 말하였다. "당신이 인간쓰레기인 줄 알고는 있어요?" 그것은 오프라의 판단이었다.

치 유

대화하기와 경청하기, 고백하기와 들어 주기는 치유의 한 과정이며, 종교가 해야 할 역할이기도 하다. 토크쇼에서 만들어지는 심리학적인 치료법은 상처 받은 영혼에 잘 듣는다. 고백하고 들어 주는 것은 정신적 충격을 치유하기 위하여 필요하다. 2005년 4월 10일 "음주운전으로 붙잡힌 트레이시 골드"라는 프로그램에서, 오프라는 여배우 트레이시 골드$^{Tracey\ Gold}$에게 가족을 다치게 한 음주운전을 공개적으로 이야기하는 것이 창피하지 않았느냐고 물어보면서 또한 이렇게 말했다. "이것으로 속이 후련해졌을 거예요."

이 경우에 자백은 잘못된 행동과 그것에 대한 수용—오프라 윈프리 쇼의 닥터 필은 '내면화'라는 유명한 용어를 남겼다—을 다루는 것이다. 다른 경우에서는 잘못된 행동에 의한 피해자에 관하여 다루기도 한다. 성적 학대에 대한 문제가 다루어질 때 오프라는 집 안의 문을 여는 역할을 해 왔다. 그녀는 TV 토크쇼를 시작할 때부터, 아동 성적 학대 문제를 사적으로나 전문적으로나 캠페인화시켜 왔다. 그녀 자신의 경험이 있었기 때문에 확신도 있었다. 그녀의 토크쇼가 전국적으로 방영된 지 2개월째인 1986년 11월 10일 "가족 내의 성적 학대"라는 프로그램이 있었다. 오프라는 그 프로그램에서 이렇게 말하였다. "친척으로부터 강간을 당한 저의 개인적인 경험으로 말합니다. 많은 성적 학대자 및 그 희생자들이 다락방에 있듯 숨겨져 있습니다. 오늘 그 문을 조금 열어서 빛이 들어가게 해 주십시오. 그럼 생애 최악의 문제가 밝혀지고 해결될 것입니다." 그녀는 자신의 경험을 다시 언급하며, 성적 학대를 당한 여성 3명, 딸을 성적 학대한 아버지 2명, 치료 전문가 2명 및 작가를 인터뷰하며 프로그램을 끝맺었다. "나는 치료를 잘 받았습니다. 그리고 다른 이에게도 말할 수 있게 된 것이 치유의 시작이었습니다." 계속해서 그녀는 어릴 때 성적 학대를 당했던 사람들이 도움을 받을 수 있고, 정보도 요청할 수 있는 전화번호를 알려 주었다.

  오프라는 이 주제를 다른 각도에서 늘 다시 다룬다 : "성범죄자를 사회에 복귀시킬 수 있는가?", "당신의 자녀가 성적 학대를 당했을 수도 있다.", "만약 당신의 남편이 성적 학대 범죄자라면 어떻게 할 것인가?" 오프라는 이러한 문제에 대한 해결과 집중, 그리고 변화 촉구를 위하여 어린이 유괴 및 성적 학대 사연을 다룬다. 1991년, 시카고의 4살짜리 어린이인 안젤리카 미나Angelica Mena는 아동 성범죄자로부터 살해당하였다. 이 사건으로 오프라는 전직 일리노이 주지사였던 제임스 톰슨^(James R. Thompson)에게 요청하여 해당 법안을 입법 조치하고, 어린이 성범죄자 목록을 국가에서 관리하게끔 했다. 오프라가 직접 나서며, 법안 통과를 위한 캠페인을 벌였다. 빌 클린턴^(Bill Clinton) 전 대통령은 어린이 성범죄자 목록을 확립시킨 1993년 국가 아동보호법을 허용하면서 오프라의 영향을 받았다고 말한 바 있다.

범죄자가 가족이든 가족이 아니든, 성적 학대는 오프라의 쇼에서 공개적으로 거론되어 왔다. 사연을 공개하는 희생자들에게 좋은 영향을 주기 위한 것이어서, 오프라나 여타 성범죄 반대 여론자들은 그 프로그램을 "치유" 혹은 "확실한 예방"이라고 불렀다. 수년이 넘도록 어린이 성범죄를 다룬 수십 개의 토크쇼에서 예방에 대한 강조는 심화되어 왔다. 2004년 5월 20일 "되돌릴 수 없는 실수"라는 프로그램에서 오프라는 소프트볼 코치로부터 농락당한 15살 소녀와 그녀의 부모를 인터뷰하였다. 프로그램의 초점은 피해자 소녀가 아닌 그녀의 부모였다. 부모가 무엇을 간과했고, 무엇을 실행하지 않았으며, 무엇을 의심하지 않았는지에 관한 것이었다. 오프라의 프로그램이 늘 그렇듯, 교훈이 있었다. "이것은 당신들의 실수다. 아동 성범죄자는 우리가 알고 지내던 사람들 중에 있다." 그리고 오프라는 사연을 공개해 준 출연자들의 용기를 칭찬하며 늘 감사를 표시한다.

공개적으로 설명하기

오프라는 문제를 심리학적으로 연구하고 분석하는 것 때문에 비판을 받아 왔다. 그리하여 범죄나 잘못된 선택에 대한 책임이 있는 자들이 용서받는 것도 비판의 대상이었다. 1990년대의 비평가들은 그것을 "범죄의 오프라화"라면서 헐뜯었다(미주 2). 이와 같은 관점에서, 공감하며 들어 주는 것은 결국 관대함과 같다고 볼 수 있다. 그러나 오프라가 들어 주는 것은 무대에서 자신을 합리화하고 핑계를 대야 하는 과정의 일부분으로 보여진다. 법정은 아니지만, 시청자는 집에서 판결을 내릴 수 있다. TV에 출연했다면 우회로는 없다. 듣는 쪽이나 방송하는 쪽 모두 늘 변명을 허용해 주는 것은 아니다.

  1993년 9월 13일에 방영된 "마이애미에서 생방송입니다 : 미국은 깨어나야 합니다"라는 프로그램에서 다룬 주제는 마이애미의 외국인 관광객 연쇄살인 사건이었다. 그해 총 12명의 외국인 관광객들이 서로 다른 사건으로 살해되었다. 이 프로그램은 마이애미에서 촬영되었는데, 오프라는 공격당했으나 살아남은 관광객, 공무원, 마이애미 거주자, 체포된 혐의자 두 명의 어머니를 인터뷰하였다. 그 두 어머니, 캐시 헤이즐러스트$^{Cathey\ Hazelhurst}$ 및 베라 후드$^{Vera\ Hood}$와 오프라는 허심탄회한 대화를 나누었다.

  오프라 : 캐시, 아들이 그런 끔찍한 범죄에 연루되어 있음을 인정한다는 것은 세상에서 가장 어려운 일일 거예요. 그러나 인정은 해야 해요.
  캐 시 : 그럼요.
  오프라 : 베라, 만약 그런 일을 딸이 저질렀다고 실토하면 책임을 지지 않으려고 한다 해도, 그 이유가 이해가 될 것 같아요.
  베 라 : 그렇지는 않지요. 앞의 분은 자기 아들을 사랑하는 거고,

저는 저의 딸을 사랑해요. 그러나 만약 제 딸이 그 일을 저질렀다면 마땅히 처벌받아야지요. 제가 더 무슨 말을 하겠어요.

프로그램을 끝맺으면서 오프라는 마이애미 사건을 그녀가 잘 쓰는 말인 "모닝콜"이라고 불렀다. 이 프로그램은 마이애미 시민들뿐만 아니라 다른 지역 거주자들의 의식도 깨웠고, 그들을 괴롭히고 있는 범죄에 직면하게 하였다.

정보는 실천을 불러일으킨다. 여러 사람이 사는 지역에는 가족들이 모여 산다는 것을 이 프로그램은 분명히 설명하였다. 이 어머니들의 아이들이 다른 가족들의 삶이나 다른 지역의 거주민들에게 영향을 줄 것이다. 오프라는 정책적인 조언을 하지는 않지만 핵심을 말하려고 애쓰며, 많은 사람들이 연관되어 있음을 보여 주려고 한다. 또한 이 프로그램은 충돌하는 견해를 모두 보여 준다. 오프라는 주민 총회 형태로 그녀의 프로그램을 이끌고 다양한 견해와 방송 내용을 보여 주며 듣게 한다. 이 프로그램에서 오프라가 출연자들을 인터뷰하는 것은 모두 공공의 안전에 대한 책임과 관계가 있는 것이다.

비평 활용하기

잡지 표지의 한 면을 가득 채우고, 권력과 재력을 갖춘 한 여인이 병적인 자기중심성 때문에 늘 비난을 받는다. 오프라는 정기적으로 자신의 실수와 잘못된 판단을 직접 설명한다. 1990년대 중반에 그녀는 공공연하게 '쓰레기 TV' Trash TV를 외면하였다. 1994년 9월 13일부터 14일에 방영된 "토크쇼가 나쁜가요?"라는 프로그램은 2회로 나뉘어져 있었다. 세상을 깜짝 놀라게 하는 토크쇼가 어떤 해악을 끼치는지에 관한 문제를 놓고 정면으로 달려든 것이었다. 오프라는 토크쇼의 해악에 관하여 연구하는 작가인 비키 앱트 Vicki Abt를 손님으로 초대하였다. 2회의 마지막 부분에서, 오프라는 1994년 7월 13일의 "태아로 돌아가기"라는 프로그램의 발췌본을 포함시켰다. 그 프로그램에 출현한 남성은 태아 때부터 시작된 어려움이 자신의 삶 가운데 내내 영향을 주고 있다고 하였다. "나에게 망신을 주세요. 그것 때문에 망신을 줄 테면 주세요." 심리학자인 비키와 시청자들을 향해 오프라가 던진 말이었다.

오프라는 유별나게 '쓰레기 TV'를 외면했었다. 1998년부터 1999년의 "삶 바꾸기"와 관련된 TV 프로그램 시즌이 시작되자, 도덕적 발전을 의식한 오프라가 나치 당원이나 쿠 클럭스 클랜 Ku Klux Klan(백인 우월주의를 표방하는 미국의 비밀결사 조직 – 역자주)의 극단적인 사람들에게 주도권을 주는 초청을 하지 말라고 여배우 로잔느 바 Roseanne Barr에게 충고하는 것으로 프로그램을 시작하였다. 개인의 고통스러운 사연을 다루는 것은 관음증적인 의도가 아니라고 그녀는 시청자들에게 늘 설명한다. 그러나 오프라는 오래된 남자친구인 스테드먼 그레이엄 Stedman Graham과의 관계를 놓고 점수를 매기거나 판단하는 여론에 관해서는 농담을 하기도 한다.

출판 잡지 「퍼블리셔스 위클리」 Publishers Weekly의 신앙 관련 편집자였고, 「미국에서의 하나님 이야기」 God Talk in America의 작가인 필리스 티클 Phyllis Tickle은 말하였다. "오프라는 자신의 규율 내에서 자신의 행동을 결정하고 감시하며 통제하는 것에 대한 책임감이 대단했습니다. 그녀는 비평을 활용하며, 비평가들을 소중히 여깁니다."

오프라는 도덕적 판단을 하지 않고도 판단을 내려야 하는 주제를 다양한 토크쇼 손님과 함께 다루고 들어 준다. 사회학자인 에바 일루즈$^{Eva\ Illouz}$는 말한다. "오프라 쇼의 개방성에는 상업적 속성과 대중 동원력도 있지만, 도덕적 문제해결 능력의 범위를 넓혀 준다"(미주 3). 다양한 견해를 고려하는 오프라는 모든 것을 포용하며 열려 있는 우주와도 같다. 다양한 목소리를 품는 문화적인 대화는 오프라의 그러한 면 때문에 가능한 것이다. 사랑하는 사람을 잃는 것처럼 큰 노력이 필요한 특이한 상황일 경우, 평범한 사람들의 목소리는 오프라의 쇼에 공개될 기회를 갖게 된다. 그렇게 자신의 사연을 들어 줄 누군가가 있다는 것은 사회적이고 심리적인 가치가 있다. 죄에 대한 회개와 믿음의 확인, 터놓고 이야기하는 것의 가치를 가르치는 종교적인 관점에서 보면 더욱 그렇다.

8장
넉넉한 마음을 가르쳐 주는 오프라

Oprah Teaches Generosity

오프라의 팬들이 가장 많이 하는 말은 "오프라는 인심이 후하다."는 것이다. '내어 주기'는 오프라의 쇼나 잡지 혹은 웹 사이트에서 늘 주제가 되어 왔다. 오프라는 기부와 자원봉사를 독려하는데, 사회적으로 가치 있는 일을 행함으로써 자신의 삶을 활용하는 이들을 자주 소개한다. 오프라는 말한 것을 실천하며, 가족이나 교육 관련 사회운동의 넉넉한 기부자이자 촉진자다. 그것은 결국 후한 인심이 가장 잘 드러나는 모범적인 예가 된다. 만약 당신이 그녀만큼 기부할 수 없다면, 적어도 따르도록 하라.

마음에 걸리면 기부할 필요조차 없다. 기부를 해서 당신이 받을 수 있는 보답은 내어 주는 기쁨이다. 2003년 12월 22일 "크리스마스 선행"이라는 프로그램에서는 오프라의 아프리카 여행이 어떤 면에서 설득력이 있었으며,

얼마나 만족스러웠는지를 다루었다. 그녀는 평소답지 않게, 청중들 없이 자신이 살아온 이야기로 프로그램을 시작했다. 12살 때, 그녀는 밀워키에서 생활보조비를 받으면서 어머니와 살고 있었다. "돈이 없으니 올해 크리스마스 선물은 받을 수 없다."는 말을 어머니로부터 들은 상태였는데, 집을 방문한 3명의 수녀가 오프라에게 인형을 선물하였던 것이다. 그때가 그녀에게는 결코 잊을 수 없는 크리스마스였다고 고백한 바 있다. 후일 그 친절함에 보답하기 위하여, 그녀는 남아프리카 어린이들의 후원자가 되기로 결심했다고 한다.

사실, 남아프리카는 의도적이면서도 극단적인 선택이다. 녹지대가 펼쳐진 화면 위로, 오프라는 집에 돌아온 것 같다고 말한다. 남아프리카는 에이즈 피해를 가장 많이 입은 국가인데, 수백만 명이 사망하고 2백만 명 이상이 고아가 되었다. 오프라는 말했다. "여기서 우리가 모든 잘못된 것들을 고칠 수 없음은 압니다." 그러나 오프라가 어릴 때의 기억을 떠올리며 준 선물은 어린이들에게 보호받고 있다는 느낌을 주었다. 아프리카 여행은 오프라의 사설 자선단체인 오프라 윈프리 재단의 후원을 받고, 넬슨 만델라 재단과 결연을 맺어 추진된 것이었다.

오프라가 아프리카 여행 준비 과정에서 가방 및 학용품, 책과 인형, 사탕과 신발 등 어린이들과 청소년들을 위한 선물을 고를 때, 시청자들은 어깨 너머로 지켜보는 기대감을 갖게 된다. 여기서 교훈을 얻으려면 별도의 설명을 좀더 들어야 한다. 선물은 문화적으로 타당한 것이어야 한다. 오프라가 고른 인형은 남아프리카 소녀들이 전혀 본 적 없을 흑인 인형이었다. 이어지는 남아프리카의 장면에서는 전직 남아프리카 대통령이었던 넬슨 만델라를 다루었다. 오프라는 넬슨 만델라를 "친애하는 영웅, 나에게 용기를 주는 영웅"이라고 묘사했었다. 만델라의 존재는 축복 그 자체였지만, 그도 점잖은 척만 하고 있지는 않았다. 늙은 만델라는 음악에 맞추어 몸을 흔들며 어린이들을 맞이하였다. 파티에서 어린이들과 신나는 시간을 보낸 후, 분위기는 반전됐다. 선물 증정 이벤트 도중 텐트가 무너져서 10명의 어린이가 다친 것이다. 그날 방송분은 일부 편집되기는 하였으나, 그 사고를 솔직히 묘사했다. 사고 이후에 오프라는 기도 모임을 열었다. "우리가 살아남아서 축복을 받았을 뿐 아니라 짧은 순간에 삶이 얼마나 변화무쌍할 수 있는지 큰 믿음으로 겪게 하여 주신 것 또한 축복입니다."라고 오프라는 기도했다.

선물을 증정하는 즐거움이 있은 후에, 엄숙해지는 순간이 있었다. 오프라는 "이 어린이들을 외면하지 않는 이유를 보여 드릴 것입니다."라고 말하였다. 그 주제는 남아프리카의 에이즈와 그로 인해 발생한 고아들이었다. 프로그램에서 오프라는 시청자들에게 외면당하고 있는 아프리카의 에이즈로 인한 절망과 폐허를 이야기하였다. 그날 프로그램은 특히 남아프리카 어린이들이 겪고 있는 에이즈의 영향과 발병률에 대하여 다루었다. "이 세상의 어린이들 중 용납될 수 없는 환경에서 사는 경우도 많습니다. 만약 우리 모두가 그 어린이들에게 기회를 준다고 했을 때, 그 잠재력에 대하여 생각해 보세요."라고 오프라는 말하였다.

오프라도 잘 알고 있듯, 인간미 없는 엄격한 통계 자료에 사람의 얼굴을 집어넣는 것이 TV다. 오프라는 고아원을 방문했을 때, 인간 면역결핍 바이러스[HIV](후천성 면역결핍증[AIDS]을 일으키는 원인 바이러스 – 역자주)에 감염된 어린 소년인 마르쿠스[Marcus]를 소개했다. 병합 치료 요법(1995년 이후 미국에서 HIV 치료법으로 주로 사용된다. 단일 요법보다 좋은 효과가 있다고 보고되었고, 병합 치료 요법에서는 뉴클레오시드 역전사 효소 억제제 두세 가지와 단백질 분해 효소 억제제 한 가지를 혼용하여 사용하고 있다. – 역자주) 이후, 그 소년은 HIV 음성이라는 결과를 받았다. 오프라는 "우리에게 큰 승리를 안겨 주었구나."라고 말하며, 그 소년을 껴안고 외쳤다. "기적 같은 일입니다!"

몇몇 다른 어린이들의 사연도 소개되었다. 에소나[Esona]는 에이즈 관련 질병으로 입원해 있는 어머니를 찾아간다. 병상에 누워 있는 그녀의 어머니는 앙상하지만 기품 있어 보이는 모습이었고, 에소나는 어머니와 헤어지기 싫어하는 모습이었다. 오프라는 3개월 후에 29살의 그 어머니가 사망했다는 소식을 전했다. 오프라는 음악가이며 정치활동가인 보노[Bono]의 말을 인용하며 이렇게 말했다. "에이즈는 우리 시대에서 피해 갈 수 없는 도덕적인 문제가 되었습니다."

책가방을 메고 교복을 입은 채로 크게 웃지만, 에이즈로 극심한 곤경에 처해 있는 남아프리카의 고아들은 교외 지역으로 보내지기도 하였다. 오프라는 그러한 모습을 보여 주면서 이렇게 말하였다. "이 어린이들은 단지 어린이일 뿐입니다. 당신의 자녀와 똑같습니다." 어린이들이 굶주려서 여윈 것도 아니고, 그들의 이미지가 범죄를 부추기는 것도 아니다. 오프라는 대부분 시청자들과 동떨어져 있는 듯한 위기를 겪고 있는 남아프리카 어린이들의 일상적인 모습을 알려 주려고 하였다. 현장 중계로 연대감과 공감대를 효과적으로 형성하면서도 오프라는 말을 아꼈다. 그녀는 가치와 목표가 있는 정보를 쇼 프로그램의 형태로 제공하였다. 자신이 변화를 일으킨다고 심각하게 떠들지 않지만, 오프라는 많은 사람들의 삶을 변화시키고 있는 것이다.

그녀의 사연은 늘 정서적인 효과가 있다. 에이즈에 걸린 고아들의 모습도 그렇다. 그러나 그 사연은 슬프지만 냉혹하지 않고, 무력한 모습으로 낙담해 있지도 않다. 오히려 베푸는 당신은 '기쁨'을 보상받는다. 오프라는 말한다. "내가 원하는 것은 그 어린이들이 우리의 도움을 필요로 한다는 것을 여러분에게 보여 드리는 것입니다. 오늘 이 사연을 듣고 있는 모든 분들이 도울 수 있을 만큼 도우면, 기쁨으로 보상받을 것입니다. 당신은 아주 작은 부분만 내어 주었을 뿐이었지만 말이죠." 당신은 오늘 무엇인가 할 수 있고, 사실 그렇게 해야만 한다. 그리고 오늘 그것을 하면 감사한 일이다. 오프라 엔젤 네트워크 Oprah's Angel Network 의 주소는 화면에 늘 떠 있어서 돈을 기부하려는 사람들은 관련 설명이 끝난 직후에 직접 참여할 수 있다.

실제로 시청자들은 반응하였다. 남아프리카 여행과 "크리스마스 선행" 프로그램은 7백만 달러의 기금을 모았다. 그 이후 2004년 12월 23일에 후속 프로그램이 계속되었는데, 당시 소개되었던 어린이들의 근황을 전하며, 엔젤 네트워크의 기금 사용에 관하여 보고하였다. 또한 유명 배우 브레드 피트^{Brad Pitt}나 가수 앨리샤 키스^{Alicia Keys}가 남아프리카의 에이즈와 연관하여 어떠한 참여를 했는지도 보여 주었다. 부유하거나 유명하지 않아도 자선활동에 참여한 사람들도 마찬가지로 프로그램에서 다루어졌다. 어떤 영화 제작자는 에이즈 예방 프로그램에 참여하기 위하여 나이지리아로 갔으며, 한 사진작가는 남아프리카의 학교를 방문하여 카메라에 학생들을 담기도 하였다. 그들은 주는 즐거움과 돌려받는 기쁨에 대하여 이야기하였다. 또한 오프라는 남아프리카에서 역경을 극복한 이미지로 널리 알려진 대주교 데스몬드 투투^{Desmond Tutu}를 인터뷰하였다. 끔찍한 앞날이 아닌 미래에 대한 감사와 낙관이 이 프로그램의 메시지였던 것이다.

⋮ 자신의 삶을 활용하다

오프라는 차이를 만들어 내고 보답을 받는 것에 대하여 늘 이야기한다. 「오프라 매거진」 2003년 4월호에서는 아프리카 여행을 다루었다. "나는 늘 베풀자고 독려합니다. 자신의 삶을 활용하세요. 배운 것을 가르치세요. 봉사로써 자신을 키워 나가세요." 그녀는 성적 학대를 경험한 이들일수록, 삶을 긍정적으로 변화시키려면 TV를 활용하라고 말한다. TV는 늘 "연관성을 가지라."고 가르친다. 1999년 크리스마스에 방영된 프로그램에서는 연휴를 위한 "마음의 사연들"을 다루었다. 오프라는 문제아로 고민하던 토크쇼 손님이 프로그램 덕분에 문제를 해결한 사연을 이야기하였다. "나는 TV가 좋아요. TV가 할 수 있는 일을 무척 좋아합니다. 이렇게 여러 일과 연관성이 있는 TV가 나는 너무 좋습니다."

오프라는 또한 그녀 자신의 삶을 활용한다. 인도주의적인 명성 속에는 그녀의 성과가 있고, 그녀가 도운 단체도 많다. 2002년에 그녀는 처음으로 미국 TV 예술과학 아카데미에서 수여하는 에미상 Emmy Award 시상식에서 밥 호프 인도주의상 Bob Hope Humanitarian Award 을, 2003년에는 필라델피아 시의 매리언 앤더슨 상 Marian Anderson Award 을 수여받았다. 두 개의 상 모두 그녀의 박애주의적인 노력을 인정한 것이었다.

1997년 시작된 오프라 엔젤 네트워크에서는 그녀가 자선을 강조하는 것을 볼 수 있다. 엔젤 네트워크는 시청자들과 다른 후원자들로부터 2,700만 달러의 기금을 조성하였다. 오프라 부티크 Oprah's Boutique 의 기념품 판매로 얻은 수익은 관련 기관을 돕는 데 쓰였다. 엔젤 네트워크 기금을 받는 사람은 프로그램과 웹 사이트에 자주 소개된다. 독자와 시청자들은 기금 수혜자에 대하여 의견을 제시할 수 있다. 좋은 일인지 나쁜 일인지 모르겠지만, 그 가운데 또 기금이 조성된다. 2000년부터 2003년까지 엔젤 네트워크는 각 개인이나 공동체를 위하여 수고를 한 이들에게 Use Your Life 기금을 수여하였다. (600만 달러에 달하는 이 상은 박애주의자 폴 뉴먼 Paul Newman 의 후원을 받은 것이었다. 폴 뉴먼은 개인 사업의 수익 모두를 자선사업으로 나누었으며, 아마존닷컴 Amazon.com 의 설립자인 제프 베조스 Jeff Bezos 도 마찬가지였다.)

오프라는 또한 오프라 윈프리 재단 Oprah Winfrey Foundation에 투자하고 있다. 그녀는 2003년에 4,350만 달러를 기부하였고, 같은 해에 640만 달러의 선물을 마련하였다. 1989년 처음 기부할 때는 100만 달러였는데, 그녀는 마틴 루터 킹 주니어 Martin Luther King Jr.의 모교이기도 한 역사적인 흑인 남자 대학 모어하우스 대학교에 총 1,200만 달러를 기부하였다. 흑인 노예들을 탈출하게 했던 비밀 통로를 보여 주는 신시내티의 박물관인 내셔널 언더그라운드 레일로드 프리덤 센터 National Underground Railroad Freedom Center에는 100만 달러를 내놓았다. 그녀는 그곳에서 보여 주는 교육용 필름의 해설자를 맡기도 하였다. 2002년, 그 기관은 뉴욕 대학의 행정대학원에 흑인 여성들을 위한 '오프라 윈프리 장학생 프로그램'을 위하여 250만 달러를 기부했다. 2000년에 그녀는 보스톤에 근거를 두고, 소수의 재능 있는 학생들을 명문 고등학교에 배치하는 입시 전문기관 A Better Chance에 1,000만 달러를 기부했다. 그녀는 그 기관의 공식 대변인이었다. 또한 1997년 오프라는 시청자들에게 무주택 서민의 주거 문제를 해결하려고 설립된 해비타트 Habitat for Humanity에 기부할 것을 독려하였다. 1999년까지 거의 200채의 주택이 지어졌는데, 이것은 헛되지 않았다. 교육 단체, 아프리카인들, 미국 흑인들, 어린이들과 여성 단체가 오프라의 이러한 박애주의의 수혜자였다.

요구와 대면하기

오프라의 웹 사이트는 기부를 하거나 자원봉사를 할 수 있는 기회를 제공한다. 수년 동안 TV에 방영된 200여 개의 자선단체에 대한 정보도 제공한다. 인도양과 닿아 있는 국가들의 15만 명이 넘는 목숨을 앗아간 2004년의 쓰나미가 있었을 때, 웹 사이트는 구호 단체 목록을 제공하였고, 시청자들에게 함께 기도하며 마음을 글로 표현해 주기를 부탁하는 게시판도 있었다. 전 세계 5,000명 이상의 시청자들이 메시지를 게시하였고, 함께 기도하였다. 오프라의 프로그램에 초대 손님으로 자주 등장하는 실내 장식가 네이트 버커스Nate Berkus는 스리랑카에서 휴가를 보내다가 쓰나미를 겪었다. 많은 방송 통신들이 그 참사 후 버커스가 나타날 것인지를 지켜보았다. 쓰나미가 방송된 이후, 2005년 1월 5일에 첫 방송이 있었다. 버커스의 상황이 어떻게 되었는지를 알려 주는 것에서부터 방송이 시작되었고, 오프라는 "우리 인류 중 155,000명이 사라졌다."고 알려 주었다. 또한 시청자들에게 웹 사이트의 구호 단체 목록을 살펴보라고 하면서 "우리가 할 수 있는 일은 많습니다."라고 이야기하였다. 버커스와 그가 재난 중에 만난 다른 4명의 생존자에 대하여 다룬 2005년 1월 17일 프로그램에 버커스는 직접 나타났다. 오프라는 쓰나미가 그들에게 어떠한 교훈을 주었는지 물어보았다. "이 쓰나미의 원인은 우리 자신에게 있습니다."라고 전직 영국 공영방송 프로듀서였던 애니 나크비Ani Naqvi가 대답하였다. 스리랑카 재건을 돕는 3개 단체에게 오프라 엔젤 네트워크가 100만 달러를 기부할 것임을 알리면서, 그녀는 프로그램을 끝맺었다. "다 함께, 우리 모두가 그렇게 할 것을 선택한다면 우리 모두가 자연 최고의 힘이 될 것입니다."

다른 프로그램들도 유명한 사람들의 노력과 평범한 사람들의 결단에 대한 내용을 다루게 되었다. 2001년 4월 4일 "모두가 하나가 되고, 하나가 모두가 된다"는 프로그램에서는 복권 당첨금 8,700만 달러를 12명의 동료와 나눈 여성의 이야기를 다루었다. 또한 공장 화재 이후 재건을 위하여 힘쓴 직원들의 주택 담보를 갚아 준 영국인 사업가의 사연도 있었다. 아프리카에 우물을 만들기 위하여 21만 달러를 모은 9살짜리 소년의 이야기도 방송되었다. 오프라는 그 소년에게 이렇게 말하였다. "나이에 상관없이 당신은 정말 좋은 모범을 보여 주었어요. 이 세상에서 차이를 만들어 내기 위해, 인간이 어떤 노력을 해야 하는지 다들 알았을 거예요." 이 프로그램에 출연한 대부분의 사람들은 자신이 어떠한 동기로 그러한 일을 하게 되었는지 조리 있게 이야기하였고, 그들의 사연은 넉넉한 마음을 가르쳐 주었다. 오프라는 프로그램이 시청자들에게 베푸는 선행에 대하여 "내가 얻고 싶은 것"이라는 프로그램에서 종종 이야기하는데, 이날만큼은 사연 자체가 가르침이었다.

 1999년 12월 8일 "내어 줄 수 있는 용기"라는 프로그램에서는 자선활동 참여를 촉진하기 위해서 오프라가 늘 인용하는 말로 프로그램을 시작하였다 : "내가 확실히 아는 것은 한 가지입니다. 당신이 세상에 준 것을 세상은 당신에게 돌려준다는 것입니다." 오프라는 이것을 "황금률, 인연의 법칙"이라고 부른다. 프로그램의 실제 사연들은 기부를 독려하면서도 기부한 만큼 되돌려 받는다는 것을 보여 준다. 서로 다른 8개의 사연들이 소개되었고, 몇몇 기부자들은 감화를 주어 다른 이들을 동참시키기도 한다. 오프라 쇼에서 감동을 받아 「주는 것에 대한 용기」 The Courage to Give를 저술한 재키 월드먼 Jackie Waldman은 3명의 여성들에게 그들이 하고 싶어했던 자원봉사를 실천하도록 격려했다. 그 여성들 중 한 명은 이렇게 말하였다. "나는 자원봉사를 하겠다고 늘 생각만 했을 뿐, 그 근처에도 가 보지 못했으며, 심지어 어디로 가야 하는

지도 정확히 몰랐습니다." 이러한 경우—자원봉사자들이 필요한 장소를 알아내는 것—는 선의를 품고 봉사하겠다는 생각을 해 본 사람들에게 방법을 알려 주는 것이다. 그 프로그램은 더 많은 정보를 얻을 수 있는 방법을 알려 주면서 끝을 맺었다.

2002년 7월 25일 "친구를 위해 무엇을 하겠는가?"라는 프로그램에서는 친구에게 간을 이식해 준 한 남성의 사연을 다루었다. 또한 아베 젤마노비츠Abe Zelmanowitz와 에드 비에Ed Beyea의 이야기도 소개되었다. 두 사람은 2001년 세계무역센터World Trade Center 폭발 때 사망했는데, 젤마노비츠는 사지마비 환자여서 휠체어를 사용해야 했던 비에와 함께 있었던 것이다. 이러한 내용은 자기 성찰과 반성을 불러일으킨다. 오프라는 이렇게 말한다. "스스로에게 물어보십시오. 당신은 친구를 위해 무엇을 할 것입니까?"

너무 많다구요?

오프라는 "내가 좋아하는 것"이라는 휴일 프로그램으로도 유명하다. 1996년 이후 연휴 때마다 방송되는 이 프로그램은 오프라가 좋아하는 물건들을 청중에게 지명하여 선물하는 것이다. 2004년 오프라는 300명의 교사들을 모아 두고, 개인적 소신을 담은 한마디로 프로그램을 열었다. "나는 교사들을 아주 좋아합니다." 그리고 그와 같은 말을 했던 여러 장면도 함께 보여 주었다. "이 시간 모두를 내어 주고 또 내어 주는 교사 여러분들께 바칩니다." 그 프로그램에서 선물한 물건은 식기 세척기, 식기 건조기, 애리조나 온

천 여행권, 노트북 컴퓨터 등이었다. 19가지 근사한 선물들은 1인당 15,000달러에 상당했다. 모든 방청객들이 엄청난 행운을 얻은 셈이었다. 오프라는 "이렇게 할 수 있다는 것이 축복입니다."라며 프로그램을 끝맺었다. "저의 크리스마스 기도는 사랑이 모든 사람의 가슴에 퍼지는 것입니다." 2003년의 동일한 프로그램에 관한 정보는 웹 사이트에 있으며 자선활동에 관련된 내용도 있다.

    2004년부터 2005년 프로그램의 주제는 "이루어지지 않을 것 같았던 꿈이 이루어진다"였고, 기부에 관한 내용이기도 하였다. 「오프라 매거진」 2004년 11월호의 "내가 확실히 알고 있는 것"이라는 칼럼에서 오프라는 "이번 시즌의 프로그램 주제를 제안하고 싶습니다. 내가 사람들에게 무엇인가를 내어 주면서 가장 바라는 것은 더 잘하게 되고, 더 좋아지게 되는 기회를 맞이하는 것입니다."라고 하면서, 시즌의 첫 프로그램에서 276명의 청중들에게 총 780만 달러 상당의 새 차를 선물하였다. "자동차가 중요한 것이 아닙니다. 당신이 가지고 있는 것을 나누어 줄 수 있다는 것이 선물의 핵심임을 강조하고 싶습니다."

    자동차를 선물한 프로그램이 방영된 다음 날, 오프라는 「USA 투데이」_USA Today_ 와의 인터뷰에서 "나는 많은 도움을 줄 수 있거든요."라고 말하였다. "제 스스로에게나 청중 여러분들에게 진심으로 바라는 것은 주고 싶다는 마음을 느끼는 것입니다"(미주 1).

    자동차 선물은 대단한 화제가 되었고, 심지어 신문에까지 "오프라가 프로그램에서 폰티악 G6를 선물하는 대박을 터뜨리다 ; 오프라 쇼의 팬들이 276대의 새 차를 몰다"라는 제목으로 보도되자 냉소적인 이들은 오프라가 자동차를 선물하는 것이 아니라 제너럴 모터스^{General Motors}가 선전 효과를 노리고 주는 것이라고 하였다. 2주 후의 후속 프로그램에서 오프라는 "나의 선의와 GM의 넉넉한 인심"이라고 말하며, 그 논란을 직접 다루었다. 오프라는 자동차를 받은 사람이 세금을 지불해야 하고, 그렇게 공지한 바 있다는 뜬소문이 있다는 것도 언급했다. 그리고 자동차 선물을 받은 이들이 기뻐하고 그들의 삶이 변화된 모습을 담은 영상도 보여 주었다. "감사! 나는 감사하는 것을 매우 좋아합니다."라고 오프라는 말하였다.

오프라가 대기업의 자원을 재분배할 때 어떤 이들은 오프라의 유명세를, 어떤 이들은 오프라의 넉넉한 마음을, 어떤 이들은 오프라의 영리함을 바라본다. 캘리포니아 버클리 대학의 사회사업부 총학장인 켈리 매컬해이니_{Kellie A. McElhaney}는 "어떻게 사람들이 오프라를 공격할 수 있는지 황당할 뿐이다."라고 말한다. 선행을 실천하고 싶어하는 기업이나 사람들에 대한 의심이 문화적으로 깊이 침투해 있다는 것이다. 기업의 규모가 크고 유명한 인물들일수록, 그 의심은 더욱 짙어진다며 "그렇게 의심하는 사람들의 콧대를 꺾고 싶습니다."라고 매컬해이니는 덧붙인다.

매컬해이니는 오프라가 그녀 자신의 재산으로 선행을 베푸는 것을 칭찬한다. "아프리카에 학교를 짓는 것 외에도 오프라가 자신의 권력, 부, 유명세를 가지고 할 수 있는 일은 정말 많지요." 매컬해이니는 다른 시청자들과 마찬가지로 오프라의 프로그램을 이따금씩 보면서 긍정적인 힘을 얻는다고 하였다. "나는 그 프로그램을 볼 때마다 마음이 정말 뿌듯해집니다."

오프라의 넉넉한 마음은 자기만족이고 소비 중심적이라고 비난을 받아 왔다. 그러나 그녀는 일관성 있게 베푸는 사람들의 이야기를 다루고, 그들이 어떻게 보답받는지를 프로그램에서 이야기한다. 그녀는 수백만 사람들에게 자선을 베풀고, 그것을 오프라 엔젤 네트워크로 확립시켜서, 청중들이 가지고 있는 자선활동의 추진력을 집중시킨다. 2003년 에보니지^{Ebony}에서는 오프라의 개인 회사가 아프리카와 미국 흑인들을 위하여 3,200만 달러를 기부했다고 밝히며, 미국 흑인 역사에서 가장 훌륭한 박애주의자는 아마 오프라일지도 모른다고 신중히 언급한 바 있다(미주 2). 2004년 비즈니스 위크지 $^{Business\ Week}$에서는 그녀가 현재까지 17,500만 달러를 기부했다고 산정한 바 있다(미주 3). 오프라는 넉넉한 마음을 이야기하는 동시에, 그것을 실천하고 있는 것이다.

9장
용서에 대하여 탐구하는
오프라

Oprah Explores Forgiveness

'용서'는 오프라 윈프리의 일에 늘 반복되는 주제다. 놀라운 것은, 모든 용서에는 항상 사연이 있다는 것이다. 그것은 좋은 이야기를 만들어 낸다. 오프라는 희생자에 대한 이야기를 자주 하며 범죄를 저지른 자들을 인터뷰하기도 한다. 잘못된 행위로 피해를 본 사람들은 용서함으로써, 스스로 희생자가 되는 것을 막을 수 있다. 그러나 용서가 늘 최선책은 아니다. 수년 동안 오프라는 타인이 해 주는 용서와 스스로를 용서하는 것 모두에 대하여 방송해 왔지만, 아동이나 배우자를 성적으로 학대한 죄에 관해서는 그렇지 않았다. 어떤 범죄는 매우 중대하기 때문이다.

    윤리학자나 신학자들은 용서가 강요되어서는 안 된다고 한다. 용서에 대하여 연구를 해 온 많은 다른 이들처럼, 성공회 주교인 리처드 할러웨이 Richard

Holloway는 반드시 용서를 해야 한다고 말하지는 않는다 : 어쩔 수 없는 방식으로 행동한 자를 용서하라고 강요할 권리는 우리에게 있는 것이 아니다(미주 1). 오프라는 절대 단도직입적이지 않다. 오프라 윈프리 쇼에서 소개되는 사연으로 알 수 있듯이, 그녀는 용서가 선택이라고 이야기한다. 오프라는 시청자들이 용서에 대하여 탐구하게 하고 생각하게 한다. 그녀는 프로그램의 주제를 이야기할 때, 늘 "다른 관점에서 생각해 보세요."라고 말한다.

    오프라의 프로그램은 용서의 상황을 탐구한다 : "어떻게 그 일이 일어나는가?", "그것이 받아들여지거나 받아들여지지 않는다면 어떤 일이 일어나는가?" 모든 이들이 범죄자이거나 성적 학대의 피해자는 아니지만, 또한 실수하는 모든 자들에게 일상적인 관용을 베풀 수는 없지만, 심각성의 정도와 관계없이 오프라의 프로그램은 특별한 용서에 대하여 연구한다. 배우자의 외도는 흔한 어려움이다. 때로는 용서를 받기도 하고, 스스로 용서해야 할 문제도 있다. 또한 이러한 사연들이 현대 우화로 각색된 중세의 권선징악극을 생각나게 할 때도 있다. "이것이 용서다"라는 반복되는 주제를 다루는 오프라의 설득력은 오랜 기간 동안 우위를 점하고 있다. 그녀가 그 주제를 수없이 다루어 보았기 때문이다.

어려움이 있는 사람들이 어떻게 문제를 풀어 나가는지 다루는 그녀의 프로그램을 통하여, 평범한 사람들은 신앙적인 증거를 제시하듯 용서로 그들의 사연을 나누고 풀어 낸다. 또한 끔찍한 죄를 저지른 가해자를 용서한 희생자로부터 가장 놀라운 용서가 베풀어진다. 2002년 4월 22일 "믿을 수 없는 용서"라는 프로그램에서는 희생자들 스스로 자신의 사연을 이야기했다. 용서라는 주제와 관련된 전문가는 이 프로그램에 없었으나, 초대 손님들이 곧 전문가인 것이다. 칩[Chip]과 조디[Jody Ferlaak]의 4살 된 딸은 자살을 하려는 운전자에 의하여 목숨을 잃었다. 사미타 러블리[Sharmeta Lovely]는 그녀의 남자 친구를 죽인 범인에게 맞아서 심하게 부상을 입었다. 레슬리 더글라스[Leslie Douglass]는 12살 때, 가족 모두에게 총을 쏘아 부모님을 죽인 두 남자 강도에게 강간을 당했다.

오프라는 시청자들을 맞이하며, 해당 프로그램의 주제와 교훈을 미리 알려 준다. 그녀는 논란이 많고 당혹스러운 주제일수록 왜 그것을 택하였는지 시청자들에게 늘 설명하고, 이 프로그램에서 시청자들은 감동받게 될 것이라고 말한다. "우리 중 대부분은 끔찍한 범죄자들이 결코 용서받을 수 없다고 생각할 것입니다. 그러나 오늘 여러분은 결코 극복될 것 같지 않은 일들에 대한 놀라운 사연들을 목격하게 될 것입니다. 그리고 이 프로그램으로 인하여 당신이 극복할 수 없었던 일들이 만만하게 여겨지기를 바랍니다."

사연과 관련된 초대 손님들은 각 장면을 더욱 실감나게 하고 쓰라리게 한다. 이 평범한 사람들은 끔찍한 일을 경험하고 심오한 문제와 싸워 온 사람들이다. "왜 하필 나일까?", "어떻게 버텨 나갈까?" 이 끔찍한 일들이 모두에게 일어나지 않더라도, 오프라는 이 프로그램을 통하여 각자의 삶에 적용할 수 있는 지혜를 얻기 바라는 것이다. 상황이 각자 다를지라도 문제와 해결책은 모든 이들에게 적용될 수 있다. "오늘 이 프로그램을 지켜보고 있는 우리들에게 누군가 무엇을 할 때, 우리는 당신을 떠올릴 것입니다." 오프라가 조디에게 했던 말이다. 나중에 이 프로그램에서 오프라는 청중들에게 이렇게 말한다. "광고가 나갈 동안 나는 사미타 러블리와 조디와 칩에게 이렇게 말했습니다. '내가 당신들에 대해서는 잘 모르지만, 이야기를 들어 주는 데 있어서는 당신들보다 나아요. 당신들이 더 나을 거라고 생각해요? 당신들이 가지고 있는 것을 내가 가지고 있는지는 모르겠어요. 그러나 이야기를 들어 주는 데 있어서는 내가 당신들보다 낫답니다.'"

이 프로그램에서 오고 가는 말은 대부분 신앙적으로는 중립이다. 칩과 조디는 잡지에서 분명히 이야기했다. 용서의 메시지는 신앙관에 따라 차이가 있으므로, 사연을 이야기할 때 기독교적인 언어는 피해 달라고 프로듀서에게 부탁을 받았다는 것이다(미주 2). 눈에 띄게 종교적으로 바뀐 것은 오프라와 사미타 러블리의 경우였다. 오프라가 러블리의 사연을 마무리 지으면서 열정적으로 요청했던 것이다. "아가씨, 설교하세요. 나에게 설교하세요. 아멘!" 때때로 확실한 말로 표현되는 하나님은 우리의 삶에 이렇게 은연중에

9장 용서에 대하여 탐구하는 오프라

계신다. 그러나 이 프로그램의 초점은 삶의 교훈—영적인 스승이나 모범에 의한 것이 아닌 실제로 실천되는 용서—이다. 종교성이 결여되었지만 어디에나 들어맞는 넓은 교훈을 주는 것이다. 그 교훈은 기독교 신자가 아닌 경우에도 적용된다.

스스로 용서하기

용서는 매우 심오하여 무척 많은 생각거리들을 제공한다. 다른 이들이 연관된 용서도 있으나, 자기 자신과 관련되어 있는 용서도 있다. 2000년 11월 15일 "어떻게 자기 자신을 용서할 것인가?"라는 프로그램에서는 유대 교회의 목사인 어윈 쿨라 Irwin Kula가 3명의 초대 손님과 질문하고 의견을 나누며, 도덕성 전문가의 역할을 하였다. 크리스티 로벨 Christy Robel은 6살짜리 아들이 2000년 자동차 도난사건 중 사망하였는데, 아들이 살해당하는 것을 막지 못한 자신을 용서하지 못하고 있었다. 그녀는 아들에게 마실 것을 사다 주기 위하여 아들을 잠시 차 속에 남겨 두었는데, 자동차 강도가 달아나기 전에 아들을 구출하지 못했던 것이다. 용서를 돕기 위해 쿨라는 로벨에게 사고가 일어난 이유는 왜 중요하지 않은지 말했다. 유대 교회 목사와 함께 오프라도 할 말이 많았다. "그 순간보다 당신의 삶을 이해하는 것이 한편으로는 더 중요하답니다. 당신의 삶은 아들의 죽음보다 더 중요하니까요." 똑같이 이런 상황을 겪는 경우는 거의 없을 것이므로, 이후에 오프라는 다른 이들을 위하여 교훈을 정리해 주었다. "이와 같은 일을 겪는 사람들이라면 매우 중요한 사실이 하나 있습니다. '만약 그랬다면'은 과거일 뿐입니다. '만약 그랬다면'이라는 생각은 사는 동안 하지 마십시오. 변하지 않을 것을 보려 하지 말고, 남은 일은 무엇일까를 생각하세요." 이 장시간의 대화 동안, 3명의 초대 손님은 다른 이에게 "맞아요."라는 말을 무척 많이 하였다. 그리고 그 "맞아요."라는 말 덕분에 대화가 매끄러울 수 있었다는 것도 곧 알게 되었다.

오프라는 긍정적인 해결책을 찾아서 좋은 모범을 보이는 또다른 가족을 소개한다. 6명의 자녀를 둔 테레사 버치 Teresa Birch는 운전하는 동안 잠이 들어, 자동차 사고로 3명의 아이가 사망하게 되었다. 테레사는 책임감을 느낀다고 하였다. 그 사고에 대하여 스스로 어떤 반응을 하였는지 그녀는 종교적인 어투로 이야기한다. "사고 이후 어두운 장소에 머물러 서로를 다치게 하고 있음을 알게 되면서, 우리를 채워 주시고, 우리를 굳건하고 강하게 하시는 하나님의 사랑을 또한 알게 되었습니다. 많은 이들이 우리에게 '언젠가 아이를 또 갖게 되실 거예요.'라고 말했는데, 우리는 정말 그리 되리라 굳게 믿고 있습니다." 그녀는 또한 하나님의 자녀가 되는 것에 대하여 이야기했는데, 유대교 목사 또한 그것을 상세히 설명하였다.

오프라는 용서가 아닌 처벌에 대하여 언급하며 프로그램을 끝맺은 적이 있다. 그녀는 로벨의 아들을 살해한 자동차 강도가 재판을 받아야 한다고 미주리 캔자스 시의 시청자들에게 이야기하였다. "반드시 재판이 열리게 하는 것은 잭슨 카운티 시민들의 책임입니다. 이 사건이 재판에 회부될 때, 캔자스 시의 잭슨 카운티는 무엇을 해야 하는지 아시지요?"

처벌과 용서는 충돌할 수 있다. 배우자나 어린이 성범죄에 관련된 범죄에 대해서만큼은, 오프라는 희생자의 편에서 강력히 몰아붙인다. 2005년

2월 18일 "오프라, 교도소에 가다"라는 프로그램에서는 2003년 아내를 살해한 남부 캐롤라이나 목회자인 아론 에스테스Aaron Estes를 인터뷰하였다. 오프라는 "앞으로 좀더 잘해야 할 거예요."라고 말하며 그에게 사건 설명을 다시 해 달라고 하였다. 이 프로그램에서, 오프라의 관심사는 해결이나 화해가 아니었고 배우자 폭행에 관련하여 질문하는 것이었다.

윤리학자들이나 범죄를 경험한 이들은 처벌의 필요성을 놓고 고민하게 된다. 살아남은 자들이 죽은 자를 대신하여 용서하지 못하는 것은 이미 죽은 자들을 두 번 죽이는 교만한 짓이라고 말하는 사람들이 있다. 그러나 용서는 헐값으로 하는 것이 아니다. 부조리를 은폐하거나 무시하려고 용서하는 것은 아니기 때문이다.

「오프라 매거진」 2004년 4월호의 기사에서는 "폭력 이후, 치유의 가능성"이라는 제목으로 '회복시키는 재판'을 고찰한 적이 있다. 가해자와 피해자가 직접 만나는 과정에서 피해자는 질문할 기회를, 가해자는 자신이 저지른 죄를 되돌아볼 기회를 갖게 되었다. 피해자를 돕고 가해자의 자각을 촉구하려는 의도에서 이 과정이 만들어진 것이었다. 이 프로그램의 핵심은 용서가 아니었기에 피해자들을 위한 재판이 열려야 함을 강조하게 되었는데, 의외로 용서가 이루어졌다.

오프라가 선보이는 다른 것들과는 달리 '회복시키는 재판'은 범죄 판결 시스템과 연관이 있다. 오프라는 가해자이건 피해자이건 개인을 변화시키는 시스템을 제안한다. 오프라를 비판하는 사람들은 오프라가 사회적인 변화보다 개인의 정서 변화에 너무 치중한다고들 한다. 사회적으로 정말 문제가 되는 것을 심리적으로 분석하는 것이 오프라의 방법이다. 그렇지만 미국 사회가 가족 문제를 바라보는 방식을 바꾸는 데 오프라가 기여했다고 반박하는 이들도 있다(미주 3). '집안 일'이라서 범죄 판정의 영역 밖에 있거나 비밀이었던 문제가 지금은 주목받고 있으며 많은 여성학자들과 여성 문제에 관한 지지자들이 동일한 이유로 오프라에게 후한 점수를 주고 있다. 오프라는 여성과 가정의 문제를 일관성 있게 대중의 관심사로 끌어내고 있다.

'다르게 생각하기'를 찬찬히 살펴보면

1993년 3월 9일 "살인을 저지른 내 자신과는 함께 살 수 없다"라는 프로그램에서는 실수에 대한 자기 용서와 사과를 다루었다. 그 프로그램은 극적인 네 가지 사연을 다루었는데, 판단 착오로 중대한 실수를 저지른 이들의 이야기였다. 한 사람은 실수로 총을 발사하여 약혼자를 죽이게 되었고, 다른 사람은 실수로 동료의 다리를 절단하게 되었으며, 다른 두 사람은 자동차로 보행자를 치어서 치명상을 입혔는데, 그중 한 사고에서는 어린이가 부상을 당하였다.

오프라는 한 가지 교훈을 주며 프로그램을 시작하였다. "잊혀지지 않는 끔찍한 기억이나 실수로 타인에게 중상을 입히고 살해한 죄를 어떻게 극복할 것인가가 오늘 우리가 이야기할 주제입니다." 기억은 극복되기 마련이고, 오늘은 그 방법을 알려 주는 것이므로 오프라는 이 프로그램을 해피 엔딩으로 하겠다고 약속하였다. 긍정적인 접근 방법을 강조하기 위하여, 오프라는 시청자들의 시선을 집중시키기 위한 예고편을 방영하였다. "자신의 차에

치인 6살 소녀에게 사과할 기회가 없었던 여인이 특별한 관계를 형성하게 되는 것을 우리는 이제 지켜보게 될 것입니다."

처음의 두 사연은 더욱 상세하고 극적이었다. 오프라는 많이 말하거나 질문하지 않는 분별력 있는 인터뷰 전문가다. 그녀는 "아하!", "그렇군요."와 같은 감탄사를 마흔 번이나 연발하였다. 그녀의 질문은 간결하면서도 전문적이었으며, 더 많은 내용을 이끌어 내고 규명하기에 알맞았다. ("그래서 어떻게 그녀의 사망을 알게 되었나요?", "그래서 그녀가 죽었나요?", "그 남자가 자신의 아들에 대하여 이야기하던가요?") 오프라는 감정을 이입하며 들어 주고, 조언이나 도움을 아끼지 않았다.

그리고 오프라는 상황을 설명하고 해결책을 제시하여 줄 전문가를 소개하였다. 이날의 전문가는 슬픔 치유 전문가인 제인 미들톤 모즈 [Jane Middelton-Moz]였는데, 슬픔의 심리학을 설명하며 조언해 주었다. 이 프로그램에서는 고통스러울지라도 털어놓고 이야기해야만 했고, 치유 전문가는 프로그램의 마지막에 최종 답을 제시해 준다. 오프라는 청중들과 이야기할 때 공격적이지 않은 말과 질문을 하며, 치유 전문가는 청중들의 질문에 답하고 문제를 알려 준다. 그러면 오프라는 치유 전문가를 향하여 프로그램을 요약 마무리해 달라는 부탁을 한다. "요점이 무엇일까요, 제인?" 제인 미들톤 모즈가 대답한다. "이야기를 하세요."

마지막 사연에서, 6살 소녀를 차로 치어 중상을 입혔던 여성은 자신의 상황을 설명하였다. 그 가운데 오프라는 질문을 하며 끼어든다. "왜 두 사람이 직접 이야기해 보지 않았지요?" 부상과 관련된 사연에서 오프라는 늘 이 질문을 한다. 관련 당국이 피해자 측과 만나지 말라고 했다는 것이 초대 손님들의 대답이었다. 그러나 이 프로그램에서 오프라는 가해자와 피해자를 즉시 만나게 하였다. 피해자 소녀는 어머니와 함께 무대에 나타났다. 운전자는 피해자 소녀에게 사과를 하며 동물 인형을 선물하였고, 청중들은 박수를 보내 주었다. 그리스 희곡의 합창처럼, 청중들은 축소된 사회를 바라보는 것이다. 이것은 좋은 의도를 가지고 잘못된 것을 고쳐 보려는 것이다. 오프라는 명백히 중립적인 위치에서 공감해 주며 경청한다.

사과의 역할

당신 자신이나 다른 이들의 실수와 잘못을 지니고 사는 것은 윤리적으로나 실제적으로도 모험이며, 이러한 사연들은 방송에서도 자주 다루어진다. "어떻게 자기 자신을 용서할 것인가?" 혹은 "어떻게 사과할 것인가?"처럼 어떤 프로그램은 '방법'을 알려 주는 범위에서 사연을 다룬다. 1996년 7월 25일 "사과하는 날"이라는 프로그램에서는 제목에서도 알 수 있듯이 사과를 다루었으며, 부분적으로 용서에 대해서도 이야기하였다. 시청자들의 주의를 끌기 위하여, 다음 회의 극적인 장면을 강조하며 오프라의 신파극적인 발언들이("성범죄자 아버지가 과거를 후회합니다. 그러나 딸이 용서할까요?") 곳곳에 삽입된 몽타주(종합적인 효과를 위하여 짧은 장면들을 다량으로 빨리 연결시키는 기법 – 역자주)를 이용하여 프로그램이 시작된 후, 오프라는 그날 프로그램의 목적을 가장 먼저 이야기한다. "자, 여러분! 오늘은 '사과하는 날'입니다. 과거의 잘못에 대하여 사과할 기회를 마련해 드리겠습니다. 프로그램을 보세요. 아마도 사과할 용기가 생길 것입니다."

　　이 프로그램에서는 어린이 성폭력, 범죄, 잔인함, 개인적 상해 등 분명히 사과해야 하는 7가지 잘못에 관한 사연을 다루었다. 가장 장황한 첫 번째 사연은 유년 시절 아버지로부터 성폭행을 당한 이후, 부녀 간의 불화에 관한 것이었다. 오프라는 딸을 인터뷰하면서, 왜 성범죄자를 용서해야 하느냐고 물어보았다. "내가 용서해야 할 필요가 있는지 사실은 몰랐어요. 그러나 많은 이들이 그래야 한다고 말해 주었고, 어머니도 늘 저에게 어른이 되면 그 분노를 떠나보내야 한다고 하셨어요. 더 나은 삶을 위해서요." 그때 오프라는 아버지를 무대로 데리고 나왔다. 아버지는 딸에게 사과하고 용서를 구했다. 대답을 해 드리라고 오프라가 권하자, 딸은 이렇게 말하였다. "아버지도 아시겠지만, 아무것도 바뀌지 않았어요. 일어난 일이 바뀌지는 않는다구요." 그 사연이 끝나기 전에, 딸의 남편과 아이가 무대에 나왔다. 오프라는 "시작이 좋군요."라고 말하였다.

　　이 프로그램에서 볼 수 있는 것처럼, 오프라는 사과를 말 그대로 각색하여 무대에 올린 것이다. 어색해 보이기도 하고, 앞뒤가 안 맞는 듯도 하지만 적절한 것이다. 또한 비교적 해피 엔딩으로 막을 내리는 약간의 권선징악 극이다. 신뢰를 굳건히 하는 포옹은 없지만, 프로그램의 끝부분에서 아기가 등장한 것은 새로운 시작을 상징한다. 이것은 전형적인 오프라의 방식이다. 그녀는 자연스럽고 신실해 보이는 이야기를 다루며, 보강된 도덕적 교훈을 제시한다. 또한 광고 시간대에 "어떻게 느끼나요?" 같은 정서를 알아내는 질문을 하며, 주제 제시의 방향을 조금씩 바꾸기도 한다.

　　1998년 10월 23일 "사과하는 방법"이라는 프로그램은 뉴스에 보도된 사건과 연관되어 있다. 무대 밖으로 걸어 나가면서, 오프라는 청중들에게 말하였다. "여기 계신 분들 중에 미안하다고 말하는 게 쉬운 분들이 계실까요? 선생님은 혹시 그러신가요? 당신은 혹시 그런가요?" 그 다음에 오프라는 청중들에게 빌 클린턴Bill Clinton 대통령이 정치 견습생 모니카 르윈스키Monica Lewinsky와의 사건, 1년 내내 헤드라인을 장식하고 있는 그 사건에 대하여 신실하게 사과했다고 생각하느냐고 물어보았다. 청중들은 아니라고 대답하였다.

사과의 힘을 강력히 증명할, 분명한 사연들이 오프라에게는 많다. 신디 그리피스Cindy Griffiths는 1996년 음주운전으로 자신의 어머니와 딸을 사망하게 한 버마 하비Verma Harvey를 용서하였다. 버마 하비는 범죄를 자백하고 보호관찰을 받고 있었는데, 그리피스는 네 번이나 하나님께 숨김없이 털어놓고, 용서할 수 있는 능력을 달라고 했던 것이다. "오프라, 내가 주었던 것은 분명히 내가 받을 거예요. 나는 하나님의 무조건적인 사랑을 느꼈거든요." 오프라가 또한 명백히 이야기했다. "하나님은 모든 곳에 개입하십니다. 그래서 당신이 하나님께 구할 수 있는 것입니다." 오프라는 당시 운전자였던 하비에게 하나님에 대한 굳건한 믿음을 설명하였고, 하비도 그것에 수긍하였다.

이 프로그램의 대화는 신앙과 특히 관련되어 있다. 오프라는 이 사연을 '간증'이라는 종교적인 용어로 설명한다. 용서와 관련된 이 사연을 초대 손님인 심리학자 마릴린 메이슨Marilyn Mason과 이야기하면서, 오프라는 세 번이나 '놀라운 은혜'amazing grace라고 이야기하고 있다. 기독교의 찬송가와도 의식적으로나 무의식적으로 연관되는데, 비참한 현실에서 속죄하여 구속된 내용의 노래다. 오프라는 심리학자에게 이렇게 말하였다. "당신은 생각보다 큰 능력을 가지고 있어요. 예를 들어 용서 같은……." 그날 프로그램에서 시간이 흐른 뒤, 심리치료 전문가인 아론 라자르$^{Aaron\ Lazare}$는 오프라를 '사과 전문가'라고 칭하며, 사과를 효과적으로 하는 요건을 상세한 표로 만들어 보여주었다 : 인식, 설명, 슬픔의 표현, 사리 판별 등.

용서와 사과와 관련된 프로그램은 약간 종교적인 색채를 띤 언어와 전문가 논평, 평범한 언어로 묘사된 사연들이 혼합되어 만들어진다. 우리는 프로그램에 출연한 초대 손님들의 사연에서 신의 존재를 느끼는데, 그것은 곧 하나님이라고 이야기할 수 있다. 전문가의 분석과 함께 신앙은 용서와 사과를 설명하는 일부분이다. 또한 종교를 초월하는 요소도 있어야 하는데, 용서는 하나님이 이끄시는 것인 동시에 도덕적으로 반드시 해야 하는 것이라는 심리학자 메이슨의 말에서 나타난다. 신학은 가치 있지만 주요한 사항이 아니기 때문이다. 하나님은 반드시 계셔야 하는 분으로 인식되고 있지만, 하나님의 언어는 그것을 고집하지 않는다. 온화하게 물건을 파는 것과 같은 경우다. 오프라는 살아 있는 인간을 예로 들어 무난한 언어로 재미있게 말한다. "신디 그리피스는 현재 나의 롤모델$^{role\ model}$입니다. 신디의 입장으로 지금 돌진합니다."

죄 없는 사람은 없다

1998년 9월 14일 "외도한 남편 : 당신이라면 어떻게 하시겠어요?"라는 프로그램에서는 신앙 관련 대화와 전문가가 등장하였다. 모니카 르윈스키와 클린턴의 사건이 그날 프로그램의 주제였는데, 오프라는 이 유명한 이슈를 시청자의 사연과 완벽히 조화시켰다. 전직 워싱턴 시장 메리언 배리^{Marion Barry}의 예전 부인인 에피 배리^{Effi Barry}는 남편이 외도로 소문나 있는데다 마약 혐의로 유죄 선고까지 받아 힘들어 했다. 오프라는 "지금 시대에 불륜이 용서받을 수 있는 죄인가요?"라고 말하며 프로그램을 시작하였다. 에피 배리는 오프라에게 자신의 신앙과 영성으로 그 시련을 극복해 냈다고 말하였다. 긴 대화 중에 배리는 오프라에게 이렇게 말하였다. "그리고 나서 더 이상 울지 않게 되더라구요. '하나님, 알아서 하세요. 내가 할 수 있는 것이 아무것도 없어요.'라고 밖에는 할 말이 없었어요." 유명인이 아닌 딘^{Dean}과 샌디^{Sandy}도 불륜을 겪었지만 신앙이 그들의 결혼을 지켰다고 명확히 이야기하였다. 샌디는 이렇게 말하였다. "우리 부부에게 화해를 가져다준 존재는 진정 하나님뿐이었습니다."

결혼 상담 전문가인 게리 스몰리^{Gary Smalley}는 이 프로그램에 초청되는 전문가 중 한 명이다. 스몰리는 결혼과 가족 관계에 대한 유명 저술가로, 성경의 가르침에 따르는 내용임에도 불구하고 광범위한 독자를 확보하고 있다. 도널드 벨^{Donald Bell}은 그날 프로그램에 초대된 또다른 가족 관계 전문가인데, 클린턴의 사건을 바라보는 전체 여론이 도덕상의 분열증이라고 주장하는 목사다. 오프라는 도덕성과 리더십에 대하여 빌리 그레이엄^{Billy Graham}의 장문을 인용하기까지 하며, 용서에 관한 벨과의 대화를 이끌어 간다. 벨은 "여성에게 사과하기 : 이를테면, 여성에게 지은 죄에 대하여"라는 남성들을 위한 프로그램을 진행하고 있다. 오프라는 '죄'라는 단어를 괄호에 묶으면서 조심스럽게 사용했지만, 벨에게는 그 단어의 뜻이 무엇인지 명확히 규명해 달라고 부탁한다. "우리 모두는 용서했습니다. 왜냐하면 우리 자신들조차도 죄 없는 사람은 없기 때문이지요." 오프라가 말하였다.

이 프로그램은 오프라의 "삶을 바꾸는 TV" 시즌(1998-1999년)에 일주일 먼저 시작되어 방영되었다. 주로 영적인 주제들을 심화하여 다루었는데, 늘 "당신의 영혼을 기억합니다" 코너로 고무적인 메시지나 사연을 제시하며 프로그램을 마무리하였다. 오프라는 불륜이나 결혼생활을 다룬 이 프로그램을 끝맺으면서 "당신의 영혼을 기억합니다" 코너가 원래 기도로 마무리하기로 되어 있었다고 이야기하였다. 하지만 대신 누구나 하나님의 은혜로운 안내와 명석한 지혜를 구할 수 있는 침묵의 시간을 집어넣었다. 프로그램이 끝나 갈 무렵, 에피 배리에게 감사 인사를 전하며 "당신보다 더 높은 곳에 계신 분의 빛이 당신을 통해 들어왔음을 우리 모두 인정합니다."라고 말하였다. 오프라는 쇼가 진행되는 동안, 특히 모든 이들에게 이야기할 때 오히려 그들의 종교에 크게 개의치 않고 기독교에 뿌리를 둔 말들과 사고방식으로 시청자들을 끌어들인다.

후속 조치 : 개조하고, 수정하며, 현실에 적용시킨다

음주운전자를 용서한 신디 그리피스의 사연이 4년 후인 2002년 4월 22일에 "믿을 수 없는 용서 이야기들"이라는 제목으로 다시 방영되었다. 그 사연을 편집하여 소개하며, 오프라는 신디 그리피스의 삶에 신앙이 어떻게 작용하였는지 이야기하였다. "나는 이 한 어머니의 신앙을 진정 존경해 마지 않습니다. 신앙으로 살지만, 그것을 떠들어 이야기하지 않고, 다른 사람을 용서할 수 있는 능력 말입니다." 오프라에게는 반복되고 갱신될 사연들이 많으며, 이전 방송분을 배경으로 활용하여 의도된 주제에 맞게 다듬을 수 있다. 재상영분은 이 대화를 활용하였다.

오 프 라 : 하나님께서 모든 부분에 개입하셨음을 알겠어요. 그래서 당신은 용서할 수밖에 없었던 것이지요. 그래도 처음에는 화가 났었지요?

그리피스 : 그 여자에게 화가 난 것은 아니었어요. 만약 —당신도 알다시피 정말 만약에—사탄이 눈에 보이는 사람이었다면, 나는 화를 냈을 거예요. 사탄에게 화가 난 것이었거든요. 나는 누군가 죽었다는 것에 대하여 화가 났었어요. 낮은 자존감을 가지고 성장한 자녀들이 사려 깊게 행동하지 않고, 똑같은 잘못을 저지를 수도 있다는 사실에 화가 났었어요.

분노, 낮은 자존감의 어린이, 하나님의 개입, 사탄의 인격화, 인간으로서 죽을 수밖에 없는 숙명 등 이 대화는 심리학적이기도 하면서 감정적이기도 하다. 또한 심오한 단어를 사용하지 않지만 간단명료함, 망설임, 감성적인 면에 있어서 설득력이 있고 현실적이다. 오프라가 프로그램을 끝맺으면서 상기시키듯, 모든 이들이 배울 수 있는 교훈이 있다. "이것을 계기로 여러분들의 삶 속에 용서해야 할 사람들이나 여러분들이 용서를 빌어야 할 사람들에 대하여 생각하게 되기를 바랍니다. 그리고 각자의 삶 속에서는 주인공일

이들을 만나면서, 조금 다른 시각을 갖게 되기를 바랍니다."

말은 이렇게 하였지만 불행하게도 출연자의 입장에서나 TV의 입장에서, 모든 사연이 행복한 결말을 맺는 것은 아니었다. 1998년 10월 23일에 방영된 "사과하는 방법"이라는 프로그램의 후속 프로그램은 딸을 성폭행한 아버지가 2년 전에 다른 프로그램에서 사과를 한 이후의 사연을 다루었다. "딸아이가 나에게 안기는 일은 없겠지요. 그러나 서로 왕래는 하고 있습니다." 오프라는 이전의 방송분을 다시 보여 주면서 현재 살아가는 이야기를 덧붙여 말하였다. "삶은 계속됩니다. 식이요법을 하거나 중독 증세를 고치면서 실수도 할 수 있지요." 오프라는 실제 자신을 예로 들어 가며, 이렇게 말하는 것이다. 세월이 흐르고, 주제와 초대 손님이 늘어 갈수록, 오프라는 방송 소재만 많이 얻는 것이 아니라 스스로 성장하고 바뀔 수 있는 가능성도 많아진다. 그것이 또한 그녀의 프로그램을 다채롭고 흥미롭게 한다.

오프라는 다양한 청중들에게 자신의 메시지와 더 많은 정보를 전해 줄 다른 매체를 가지고 있다. TV가 한정된 시간 동안 해 주지 못하는 역할을 하는 매체가 바로 웹 사이트다. 웹 사이트를 방문한 사람들은 용서에 관한 주제를 더 심도 있게 탐구할 수 있고, 유용한 정보도 얻을 수 있다. "용서 의식"이라는 코너를 클릭하여 보면, 다양하게 적용할 수 있는 지침이 있다 : 속죄, 명상 및 반성, 힌두교의 명언 활용하기, 일기 쓰기 등. 이 실천 방법을 설명하는 글에는 다음과 같은 말이 있다. "'전통적인 지혜'나 '많은 종교'에는 이런 요령이 있습니다." 시청자들은 게시판에서 프로그램에 대한 토론을 할 수 있다. 웹 사이트는 자원을 제공해 주고, 오프라가 던져 주는 경험을 확장시키는 것이다.

세속에서의 종교는 삶의 방식과 관련된 지혜로써 용서를 논한다. 모든 종교가 이 문제를 다루고 가르침을 설파하고 있으며, 관련 인용구를 활용한다. 그것은 도덕적이고 심리학적이다. 그러나 용서에는 해결해야 할 문제들이 많다 : "어떻게 잘못한 일을 용서받을 수 있을까? 용서한다는 것은 잘못을 봐 주거나 잊겠다는 의미일까? 꼭 용서해야 할 필요가 있을까?" 용서에는 연관된 주제들도 많다 : "판결, 신체상의 치료, 마음의 심리적인 평화, 사랑, 기억, 책임, 도덕적 판단 등". 판결과 자비의 중간은 어디쯤일까? 이러한 질문들은 TV가 생기기 이전에 있었던 것들이다.

용서의 중심 개념이 예수님의 기독교 전통에서 생겨난 것이고, 오프라가 자신이 실제로 실수한 사연을 공개적으로 적용하고 있기 때문에, 용서는 분명히 오프라에게 강력한 가치가 있다. 「용서」On Forgiveness라는 책에서 성공회 주교인 리처드 할러웨이Richard Holloway는 돌이킬 수 없었던 과거를 되찾아 미래를 개척한다는 의미에서 용서를 다루고 있다. "우리에게 미래를 가져다 준다는 점에서 용서의 진정한 아름다움과 힘이 나옵니다"(미주 4). 오프라가 심리학적으로 종종 이야기하는 교훈적인 말들 중의 하나다. 그녀는 과거가 달라질 수 있다는 허황된 희망을 버리고, 용서에 대하여 이야기한 것이다.

오프라의 친구이자 남아프리카의 대주교인 데스몬드 투투Desmond Tutu는, 그가 남아공의 진실화해위원회Truth and Reconciliation Commission(인종차별과 관련된 부조리함을 규명하며, 흑인과 백인의 화합을 위하여 넬슨 만델라 대통령이 1990년대에 구성한 정부 기구 - 역자주)에서 회장직을 맡던 시절을 회상한 저서, 「용서 없이 미래 없다」No Future without Forgiveness에서 비슷한 이야기를 하고 있다. 인종차별 규칙이 있었던 시절, 남아공의 진실화해위원회는 자신의 범죄에 대한 책임을 자각하고 감당하려는 범죄자에게 사면을 베푸는 권한을 위임받았다. 그 임무를 수행하려면, 범죄자의 가족들과 전체 사회에 가해지는 은폐된 부조리들을 밝혀야만 했다. 다가오는 미래에 대한 믿음은 용서로써 표현될 수 있다고 투투는 이야기하였다 : "새로운 시작의 기회가 여기에 있다고 우리는 이야기할 수 있습니다. 범죄자들이 변화할 수 있다는 믿음에서 나오는 행동이니까요"(미주 5).

    과거에서 해방되어 새로운 미래로 나아간다는 이런 작지만 극적인 면에 오프라의 장점이 있다. 사람들에게 용서에 대하여 다른 방식으로 생각하라고 가르치기 위해, 그녀는 TV를 효과적으로 활용하는 방법을 배웠다. 이야기를 잘하는 사람들도 알고 있듯, 이야기해 주는 것보다는 보여 주는 것이 더 나은 법이다. 여러 사연들이 그녀를 지지하는 증언을 해 주기 때문에 오프라는 굳이 설명할 필요가 없다. 오프라는 그렇게 우리에게 용서라는 가능성을 상기시켜 주고 있는 것이다.

9장 용서에 대하여 탐구하는 오프라

10장
알림 서비스를 하는
오프라

Oprah Is a Reminder Service

지난 몇 해 동안 내가 오프라에 대하여 책을 쓰고 있다고 이야기하면, 사람들은 늘 제일 먼저 이렇게 물어보았다. "그러면 오프라와 이야기해 봤다는 거예요?" 오프라의 하포 프로덕션이 나의 인터뷰 요청을 거절하였기 때문에 나는 오프라를 개인적으로 만날 길이 없었다. 나는 어느 정도까지는 이 상황을 이해한다. 만날 시간이든, 광고 방송을 통한 이익이든, 나도 오프라 앞에 줄을 서 있던 많은 사람 중의 한 명이다. 오프라의 친구인 게일 킹(Gayle King)은 포춘지(Fortune)에서 이렇게 말하였다. "모든 사람들이 오프라 상표 하나 얻었으면 좋겠다고 생각할 걸요"(미주 1).

그렇지만 나는 무엇이 오프라를 화젯거리가 되게 만드는 것인지 궁금했다. (모든 사람들이 알고 싶어하는 것 같다.) 오프라는 정말 어떤 사람일까?

그녀가 TV에서 보여 주는 모습이 사실일까? 그녀가 하는 일에 본격적인 관심을 갖게 된 이후, 나는 이렇게 답을 얻었다. 오프라는 주로 사실을 이야기한다. 물론 그녀의 프로그램도 편집 과정을 거칠 것이며, 청중들에게 사전 지도를 할 것이다. 즉, 반응을 이끌어 내기 위하여 청중이라는 펌프에 미리 물을 부어 놓는 것이다. 그러나 내 생각에 오프라가 받는 칭송은 충분히 진실이다. 그녀가 1971년에 방송을 시작한 이래로, 그녀는 자신의 진실성과 인간미를 통하여 수많은 사람들의 감성적인 공감을 이끌어 내었고, 그들의 심금을 울렸다. 그녀는 약간의 원고 작업을 통해 "실화를 다루는 TV" reality TV에서 역시 그러한 모습을 보여 주었다. 또한 자연스러움과 직설적인 면을 표출하는 재능을 가진 오프라와 같은 프로그램 진행자는 당신에게 개인적으로 이야기하는 것처럼 보이기도 한다. 그러나 그녀가 프로그램에서 말하는 것처럼 오프라는 당신의 친구가 아니다. 당신은 저녁 시간에 그녀에게 전화할 수 없지 않은가?

내가 오프라를 개인적으로 알지 못하기 때문에, 오프라의 진짜 모습이 어떠한지는 나도 잘 모른다. 다만 내가 확실히 아는 것은, 그녀의 말을 빌리자면 그녀가 행하는 것은 진실이고 실제 상황이라는 것이다. 그녀는 사람들의 품위와 지적인 면모를 알아보고, 때로는 환기하는 방법으로 그들이 이미 알고 있는 것을 일깨워 주기도 한다. 즉, 오프라는 알림 서비스를 하고 있다. 당신이 정말 오프라를 좋아한다면, 이미 오프라가 당신의 마음속에 들어와 있는 것이다.

오프라는 그녀 자신을 그대로 표현할 수 있는 곳에 있어야만 한다고 늘 말한다. 비록 그녀가 자신답게 행동하는 방법을 알고 있다 할지라도, 이것은 사실이다. 비록 그녀가 시카고와 볼티모어에서 토크쇼 진행자로 경력을 쌓기 시작했지만, 그녀는 그보다 좀더 이른 1985년에 영화 "컬러 퍼플"The Color Purple의 여배우로서 전국적인 주목을 받기 시작한다. "컬러 퍼플"은 아카데미상 여우조연상 부문 후보작이었다. 있는 그대로의 그녀로서, 그녀다움을 즐기며, 어떻게 하면 그녀 자신의 있는 그대로 행동할 수 있는지를 판단하는 것이 바로 그녀의 재능이다. 비록 그녀가 내 친구는 아니지만 나 스스로 TV 속 오프라의 얼굴을 응시하며 그녀에게 관심을 갖게 된다. 그녀가 오늘 피곤한 걸까? 오늘은 기분이 안 좋은가? 오늘은 TV에 안 나오나? 우리 모두 그와 비슷한 생각을 가지고 있을 것이다. 어느 날 오프라의 목소리에 확실히 감기 기운이 있었는데, 아픈 그녀를 TV에 내세운 이유는 매일 방영되는 프로그램에서 오프라도 인간임을 보여 주려는 의도가 있었기 때문일 것이다.

"TV 오프라"—우리가 방송에서 접하는 오프라의 이미지—는 방송 경력이 더해지고, 그녀만의 상당한 자원이 더해지고, 제작자가 더해진 오프라다. 모든 오프라 사업체의 진짜 핵심은 그녀의 재능—그녀는 그것이 자신의 사명이며 위임받은 것이라고 생각한다—이다. "진실을 말하고, 있는 그대로의 네 자신이 되어라." 외워야 할 것이 없기 때문에 기억하기도 쉬운 것이다. 이것이 해를 거듭하면서 오프라의 화장 및 헤어스타일, 옷 사이즈, 프로그램의 주제와 관심사가 끊임없이 변화하지만, 오프라만의 정체성을 유지할 수 있는 이유다. 변화의 한가운데에서도, 오프라는 변하지 않는 면이 있다. 그녀의 프로그램이 가장 많이 영적인 면을 강조하였던 1998년부터 2000년까지의 "당신의 영혼을 기억하세요"라는 주제를 그만두었을지라도 오프라는 영적이다. 재치 있는 말과 시청자들의 특징은 여전히 변함이 없지만, 이제 그녀는 더 이상 체중 감량에 치중하는 것 같지 않다. 1990년대 중반, 청중들 사이를 돌아다니던 필 도나휴[Phil Donahue]의 방식에서 이전 방식으로 프로그램의 형식을 바꾸었다. 생방송 스튜디오의 청중 앞에 앉아서 초대 손님을 인터뷰하며, 매 시즌마다 전문가 팀을 운영하였다 : 그 팀에는 개인 트레이너인 밥 그린[Bob Greene], 요리사인 로지 델리[Rosie Daley]와 아트 스미스[Art Smith], 심리학 박사인 필 맥그로우[Phil McGraw], 라이프 코치인 마사 베크[Martha Beck], 영적 조언가인 게리 주커브[Gary Zukav]와 이얀라 반젠트[Iyanla Vanzant]가 있었다. 그 모든 것을 통하여 변화를 추구하면서 그녀는 여전히 유명하고, 오프라 그 자체다.

정보를 얻을 수 있는 매체—TV 채널, 웹 사이트, 블로그, 잡지—가 확산되면서 "우리가 보고 듣는 것이 그림자뿐인 것은 아닐까?" 하는 의심이 들 때도 있다. 회의적이고 냉소적인 상황에서 오프라는 잠시 멈추라고 제안하며 그녀를 믿게끔 만든다. 그녀는 그 믿음을 회복해 주어야만 한다는 것을 알고 있다. 만약 그렇게 하지 못하면, 자신의 무대를 잃게 되기 때문이다. 세월이 흐르면서 오프라는 신뢰를 보여 주고 있다.

언어를 바꾸다

세월이 흐르면서 오프라의 전문 용어는 진화해 왔다. 1990년대에는 영적인 내용의 말들을 사용하였는데, "당신의 영혼을 사색하고 기억하라."는 말은 유명하다. 그런데 최근 10년 동안, 상황이 바뀌었다. 늘 그렇듯 문화가 계속 변화하여, 이제는 영혼보다 예수님을 논하는 서적이 많이 읽혀진다. 오프라는 이런 문화를 사색하는 동시에 만들어 간다. 수년 동안, 오프라는 그녀 자신의 관심사와 일치되는 전반적인 사회 관심사를 표현할 방법을 찾고 있었다. 왜냐하면 그것이 오프라의 사명인 동시에 돈을 버는 방법이었던 것이다. 그녀는 청중들을 섬기는 동시에 이윤을 창출하였다. 그녀는 충분히 포괄적이고 광범위한 언어를 사용하였지만, 그렇다고 핵심이 없이 장황한 언어를 구사한 것은 아니었다. 따라서 광범위한 청중들은 자주 다시 돌아와서 의미 있는 것을 발견할 수 있는 것이다.

다양한 신앙은 초교파적이면서도 ― '지역 교회'라는 중립적인 용어가 있을 정도로 ― 다원적인 문화를 만들어 낸다. 아무 종교에도 속하지 않는 그룹이 급속히 늘어나고 있다. 인구의 14퍼센트를 차지한다고 추정되는 이 사람들은 영적으로 살려고 애쓰지만 신앙은 갖지 않겠다고 한다. "다원주의 목사가 되기 위해서는 교파 없이도 특징적이며 무척 일반적이고 광범위할 수 있는 미세한 경계를 넘나들어야 한다."고 「미국에서의 하나님 이야기」 God Talk in America 의 저자인 필리스 티클 Phyllis Tickle 은 이야기한다.

    오프라의 영적인 대화는 어릴 적부터 흡수되어 물려받은 그녀의 모국어—미국 흑인 특유의 신앙적인 유산—에서 나온 것이다. 오프라는 6살 때부터 남부 미시시피 코시우스코에 있는 할머니의 농장에서 지냈는데, 그곳의 미시시피 연합장로교회와 주일학교에 출석하였다. 3살 때 오프라는 이미 회중 앞에서 예수님의 부활에 대하여 외워 이야기할 정도였다. 어른들은 공연을 잘하는 그녀의 재능을 칭찬하였지만, 또래의 아이들은 '목사' 혹은 '아가씨 예수님' 이라는 질투심 어린 별명을 지어 주며 비웃었다(미주 2).

    그 '아가씨 예수님' 이 이제는 어른이 되어 자신이 배운 진리의 옹호자가 되었다. 성경의 이야기들은 주일이 아닌 주중에도 삶의 질문에 대하여 현실적이면서도 도덕적으로 어떻게 행동해야 하는지 가르쳐 준다. 미국 흑인의 기독교 신앙은 영적인 힘뿐만 아니라 사교적인 힘도 있다. 영적인 생각에 명백히 핵심을 두는 오프라의 일에 '뉴 에이지' New Age (1980년대 미국에서 시작되었으며, 서구의 가치관 대신 동양적 사고방식으로 접근하는 사회운동 - 역자주)라는 꼬리표가 붙었지만, 그녀의 가르침에는 놀라울 정도로 전통적인 핵심이 있다. 그 핵심은 일상적인 행동, 책임감 있게 결정하기, 재능을 좋은 일에 나누기 등에 관한 것이다. 그것들은 현실성, 방법론, 자립, 시도해 보는 것을 넘어선 것이다. 종교 사회학자이자 「영적 시장」 Spiritual Marketplace : Baby Boomers and the Remaking of American Religion 의 저자인 웨이드 클락 루프 Wade Clark Roof 는 "미국인들은 효과적인 것을 원한다."라고 이야기한다.

영혼에 관한 오프라의 '뉴 에이지'식의 대화법은 그녀가 신앙을 통하여 배운 것을 가르치기 위하여 적합한 말을 찾으려는 시도에서부터 시작되었다. 그녀의 영적인 대화는 특이하다. 그녀에게 영감을 불어넣을 뿐만 아니라 뚜렷한 개성을 나타내는 면이 있는 것이다. 사명감이 있어서든 상업 홍보적인 목적이 있어서든 그녀는 대화 속에, 자신이 쓰는 단어 속에, 그리고 문화 속에 자신의 도장을 찍어 놓는다. "오프라 효과", "오프라화", "과도하게 오프라화되었다."라는 말들은 그녀의 흡입력이나 스타일이 흡수된 문화 현상을 묘사하는 말이다. 루프는 "오프라는 자신만의 어휘를 구사하고 있다. 그녀는 동떨어져 있는 대화를 구사하는 것이 아니라 대화를 만들어 나가도록 돕는다."라고 말한다.

1997년 웰슬리 대학의 졸업 연설은 오프라의 평소 TV 연설과는 달랐다. 평소 청중들에게 최고의 삶을 살라고 했던 것을 졸업생들의 상황에 맞도록 수정하여, 졸업생들에게는 그 정도까지 자신을 발전시키라고 하였다. 그녀만의 경험에서 우러나온 말을 하면서 그녀는 자신의 스승인 작가 마야 앤젤루(Maya Angelou)로부터 배운 것들을 인용하였다 : "사람들이 당신에게 그들 자신을 보여 주면 처음에는 믿으세요"(미주 3).

나는 그것을 오프라에게, 그리고 그녀의 행동을 진술하는 데 적용하고 싶다. 그녀는 항상 자신이 누구인지를 보여 주고, 자신이 무엇을 하고 싶어하는지 명확히 알려 준다. 사람들이 조금 다른 생각을 하게끔 유도하기 위하여 TV를 활용하는 것이다.

그들이 존재하는 곳에서, 그들을 만난다

　미국인들은 TV 앞에서 많은 시간을 보낸다 : 매일 7시간 이상이며, 그들이 교회의 신앙활동에 쓰고자 하는 시간보다 훨씬 많은 양이다. 예수, 부처, 마호메트 등의 여타 영적 지도자들은 사람들이 있는 곳—먼지가 쌓인 거리, 많은 이들이 불평을 늘어놓거나 수다를 떨거나 장사를 잘해 보려고 찾아오는 광장—을 찾아다니며 제자들을 만들었다. 오늘날 많은 이들이 TV 앞에 앉아 있다. 제인 샤턱Jane Shattuc 교수는 일부 여성인권 옹호자들에게 오프라의 프로그램이 주류인 의견과 다양한 의견—다양한 주제에 관련된, 예를 들어 패션, 자녀 양육, 가족 관계 등—을 나누는 '공공장소'가 되어 왔다고 하였다. "오프라의 프로그램은 사회문제나 경험에 대하여 의논하는 평범한 여성 시민들에 관한 것입니다"(미주 4).

　오늘날 미국에서 성경의 가르침이 유효한지를 연구하는 사람들은 그 유효성이 대중문화 수용력에서 비롯되었다고 한다. 대중문화를 수용했을 뿐만 아니라 만들어 나가기 위해서 이미 수용한 것을 이용하기까지 한다는 것이다. "수치상으로 나타나지 않는 많은 보수신앙주의자들이 이런 문화 속에서도 여전히 그들의 집 안에 머물러 있습니다." 사회 과학자인 앨런 울프Alan Wolfe는 이렇게 쓰고 있다(미주 5).

　핵심적인 신앙의 필수요소는 어느 정도의 단호함이라는 것이 성경의 메시지다 : 예수님이 길이고 진리이고 생명이라는 것이다. 그러나 이 메시지를 전달한 유명한 몇몇 제자들은 사람들의 주의를 집중시키고 교회에 머물게 하기 위하여 이것을 조심스럽게 해석한다. 선풍적으로 성공한 책 「목적이 이끄는 삶」The Purpose-Driven Life의 저자인 릭 워렌Rick Warren은 상당히 신중한 기독교 목회자이지만 그렇게 보이지 않으며, 그런 식으로 말하지도 않는다. 그는 하와이안 셔츠(품이 넉넉하고 무늬가 화려하며 깃이 달린 반소매 티셔츠-역자주)를 입으며, 교회만 중시하는 것처럼 이야기하지 않으려고 노력한다. 그러나 친근하고 격의 없는 외양에도 불구하고, 그는 정말 기독교인다운 메시지를 전달한다 : "예수님의 프로그램과 함께 살아가면 삶이 바뀝니다".

워렌의 방식과 비교해 보면 오프라 윈프리의 의상 역시 대중문화를 반영하고 있다. 그녀의 프로그램에는 오락, 뉴스, 책, 일상적인 질문 등 청중들이 관심을 가지고 이야기할 만한 것들이 포함되어 있다. 그녀는 특정 교파에 치우쳐 있지 않으며 신앙으로나 영적으로 넓은 포괄성을 지닌 대중의 언어를 사용한다. 그러나 그녀가 가치에 따라 움직인다는 것을 청중이 파악할 수 있도록 오프라는 가치에 대하여 충분히 자주 이야기한다. 오프라의 옷들은 상표가 있겠지만, 그녀의 신앙은 특정 종교와 관련 있는 상표를 지니고 있지 않다는 것이다.

나는 오프라의 개인적인 신앙이 어떠한지 모른다. 역설적으로, 유명인사들은 대중적이거나 개인적인 것들을 재정의하기 때문에, 지극히 개인주의자로 비추어질지 모른다. 그러나 오프라의 말을 들어 보면, 그녀는 하나님을 믿으며 자신의 성공에 대하여 하나님께 감사한다는 것을 확실히 알 수 있다. 이것은 소박한 것이다. 고급스러워 보이는 잡지의 표지 모델로 늘 등장하는 여자에게 소박함이란 어울리지 않는다고 생각될 수 있다. 오프라는 하나님께서 문화에 내려 주신 선물이 아니며, 비평가들이나 오프라 자신이나 모두 그렇게 생각하고 있다. 오히려 그녀는 하나님으로부터 선물로 받은 재능을 잘 활용하여 문화에 영향을 주려고 한다. 어떤 사람들은 오프라의 이러한 면을 놓고 기껏해야 자기중심적이며, 나쁘게 말하면 환상일 뿐이라고 이야기한다. 또 다른 이들은 똑같은 현상에서도 진실하고 가치 주도적인 면을 읽는다. 나는 그녀가 하나님의 계획을 가장 야심 찬 계획으로 수용하며, 늘 긍정적으로 반응한다고 생각한다.

오프라가 성공적으로 수행하는 것은 문화와 관련이 있다. 그녀는 문화를 형성하는데, 자신의 서평 및 상품평이 그것을 증명해 준다. 또한 오프라 자신도 그렇게 형성되는 것이다. 그리고 그녀는 그것을 그날의 주제를 다루는 데 반영한다. 다큐멘터리 TV 프로그램이든 빌 클린턴의 스캔들 혹은 마이애미 관광객 살인 사건이든, 뉴스에 보도된 사건이라면 오프라는 직접 그것을 보러 간다. 언론인으로서 그녀는 그 뉴스를 적극적으로 좇아가도록 훈련되어 있다. 그러나 그녀는 청중이나 지지자를 따르기도 한다. 또한 그들의 말을 경청한다. 즉, 주고받는 것이다. 그녀는 청중의 말에 귀 기울이고, 그들의 생각이나 경험을 정당하게 활용한다. 오프라의 프로그램은 그녀를 바라보는 이들의 반응에 부분적으로 의존한다. 그녀는 때때로 직접적으로 비판에 반응하는데, 1990년대 초반에 있었던 TV가 쓸모없다는 비판과 2004년 자동차 증정 행사에 대한 비판 때도 그러했다. 오프라는 초대 손님의 후일담을 자주 프로그램에 담는다. TV 프로그램은 스스로를 다듬을 수 있는 기회를 제공하는 동시에 오프라만큼이나 노출된 이들을 절대 숨겨 주지 않는 곳이기도 하다. 자신의 이야기가 전파를 타고 전국적으로 방영된 사람은 이것을 실감했을 것이다. 2005년 3월 1일 프로그램에서 오프라는 병적으로 거짓말을 일삼는 사람들을 인터뷰하면서 그중의 한 여성에게 왜 TV에 나와야 했는지 물어보았다.

그녀는 자신의 말들이 실제가 되어야 할 필요성이 있다고 하였다. "일단 TV에 나오면 돌이킬 수 없지요." 오프라는 그녀에게 말하였다. "당신 자신을 드러내는 방법인 거예요." TV에 노출된다는 것은 책임을 수반한다. 자신이 말했던 것을 실천해야 하는 것이다.

오프라에게는 편안한 카리스마 charisma 가 있다. 훌륭한 리더는 카리스마라는 재능을 가지고 있는 것이다. 그녀가 방송에서 일하는 모습을 볼 때, 그녀의 카리스마는 더욱 확실해진다. 「오프라 매거진」은 오프라의 사진으로 여기저기 도배되어 있으며, 맨 끝에 "내가 확실히 아는 것"이라는 칼럼도 운영한다. 그런데 그것은 오프라가 TV 프로그램에서 보여 주던 모습이 아니다. 잡지에는 그녀의 취향과 관심사, 지혜를 불어넣은 것이다. 따라서 TV 프로그램에서 구사하는 그녀만의 꾸밈없는 모습은 거의 찾아보기 힘들다. 오프라를 표현하는 가장 훌륭한 매체는 TV다. 그녀는 알아보기 쉬우면서도 감성적이고 간결한 단어로 이루어진 짧은 메시지를 가지고 '연관성을 만들어 낼 줄 아는' 재능을 가진, TV를 위하여 만들어진 존재다. TV는 오프라의 존재를 부각시키며, 그녀의 청중을 확장시키고, 전 세계에 그녀가 연설할 곳을 만들어 낸다.

⋮ 가치관이 분명한 대화

미국인들이 가치관에 대하여 어떤 견해로 이야기를 하는지는 확실하지 않다. 2004년 대통령 선거에 이어, 출구여론조사원(실제 투표자를 대상으로 선거 결과를 예측 조사하는 사람 – 역자주)들은 '도덕적 가치'를 잠시 이야기 하였으나, 그들 중에 아무도 그 도덕적 가치가 무엇이었는지는 이야기하지 않았다. 그 '도덕적 가치'라는 것이 태아 유산 제한 혹은 결혼연령 제한 같은 정책 선택에 반영되었을까? "도덕적 가치"라는 주제가 그보다도 더 애매한 것일까?

오프라가 가르치거나 제시하는 가치의 종류는 그다지 영적이지도 않으며 신앙과도 관련되어 있지 않다. 그 가치들은 미국화되어 있으며 아메리칸드림과 연관되어 있다. 혹은 학자들이 이야기하는 '미국 시민들의 신앙'과 연관이 있기도 하다. 역사상 어떻게 종교가 출현하게 되었는지 혹은 지도자들이 어떻게 신의 가호를 구하였는지에 대해 이야기할 때 시민들의 신앙이 종종 등장한다. 시민들의 신앙에는 하나님을 믿고, 하나님의 뜻이 우리의 역사 속에 진행 중이라는 의미가 담겨 있다. 자유도 하나님이 선사하신 가치라는 것이다. 각자의 신앙과 관련된 성전에 가거나 예식이나 휴일을 기념할 때 사람들이 행하는 것들도 비슷하다.

하나님은 우리의 언행이나 역사 속에서 찾아볼 수 있으나, 실생활의 법률 속에서는 지배적인 위치를 차지하고 있지 않다. 요즈음은 종교와 정치가 일치하는 신탁 정치제가 아니기 때문이다.

"예수님은 제가 가장 좋아하는 정치 철학자예요."라고 이야기하지 않으면서도 오프라는 가치에 대하여 이야기한다. 오프라는 영성에 대하여 언급할 때, 영성을 키워 주고 양육하기 위하여 세워진 기관을 언급하지만 그 기관을 대표하지는 않는다는 입장을 취한다. 그녀는 종교와 관련된 사업을 하는 것은 아니지만 목회자로 묘사된다. 그녀와 관련된 많은 것들이 영성과 의지를 북돋으며 도덕적으로 건전하기 때문이다. 그녀는 영성을 촉진하는 기관과 경쟁한다기보다는 보완해 준다. 만약 그녀가 좀더 특이하다면, 미국이나 전 세계로 대다수에게 방송을 내보내기보다는 소규모의 그룹인 유선 TV 방송을 내보내는 방법을 택했을 것이다.

사회학자인 웨인 톰슨 Wayne Thompson은 사람들이 TV 목회자에게 길들여져 있는 이유를 연구하였다. 그의 연구에 의하면, TV 기반의 신앙이 나머지 종교적 의식을 대신한다기보다는 보완한다는 것이다. "TV는 대신하는 존재가 아닙니다. 부가적인 존재이면서 동시에 경쟁이 가능한 존재가 바로 TV입니다." TV는 신앙과 관련된 영적인 메시지를 전하는 하나의 출처다. 오프라는 다양한 신앙 체계와 신앙 문화와 호환되는 폭넓은 영향력을 가지고 있다. 따라서 그녀의 팬들은 적색이나 청색으로, 혹은 전통적인 신앙을 지키거나 틀에 얽매이지 않으면서도 영적으로 살려고 하는 부류에 속하고, 버진 제도나 버지니아에 살고 있는 팬들로 나뉘어 있다. 정치에 관한 질문을 받았을 때, 그녀는 「브로드캐스팅 앤 케이블」 Broadcasting and Cable 과의 인터뷰에서 다음과 같이 대답하였다.

청중들 중에는 적색 계열도 있고, 청색 계열도 있겠지요. 그러나 그들이 여기에 올 때는 보라색이 된답니다. 보라색은 그들 스스로 삶의 가치를 창조하는 것처럼 보입니다. 사람들을 하나 되게 하는 방법은 각자의 가치관이 충돌하지 않으면서도, 삶과 일의 목적과 의미를 다 같이 발견하는 방법을 보여 주는 것입니다(미주 6).

물론 모든 이들이 개과천선하는 것은 아니다. '오프라'나 '복음'이라는 단어가 모두 한 문장 안에 있으면, 어떤 이들은 황당해 할 것임을 나는 안다. 대중들 때문에 오프라를 믿기도 하지만 그 대중들 때문에, 그녀의 영향력과 제어력 때문에 그녀를 불신하게 되기도 한다. 만약 오프라가 특정한 정치적인 노선—좌파인지 혹은 우파인지—을 택하지 않는다면 그녀에게 도덕적 가치가 없는 것이나 마찬가지라고 생각하는 이들은 그녀의 가치를 발견하지 못할 것이다. 그렇지 않은 이들은 정치보다 신앙이 목적인 것이다. 자존감을 강조하는 심리학적인 문제해결 방법 때문에 오프라는 뉴 에이지$^{New\ Age}$라는 꼬리표도 달고 있다. 그녀는 영적인 문제를 지나치게 심리학적으로, 지나치게 치료법적으로, 지나치게 쉽고 편안하게 자기중심적인 방법으로 다룬다는 세찬 비난을 받아 왔다. 오프라가 전하는 복음은 일종의 교리나 계명을 요구하지 않는 듯 보인다. 혼자서 신속히 결심하였지만 2주 후면 깨지고 마는 새해 결심보다, 삶을 바꾸는 결정적인 깨달음의 순간이 더 중요하다고 강조하는 공동체를 요구하는 것 같지도 않다.

여가 오락은 신학이 아니다. 그녀가 신앙으로 형성되어 왔을지라도, 여가 오락에 가치를 불어넣은 것이 신앙일지라도, 오프라는 신학자가 아니다. 그것은 다른 이의 몫이다. 만약 신앙이 그것과는 다른 일면을 가지고 있을지라도, 그것에 대하여 논하는 것은 신앙의 몫이다. 오프라의 복음은 사람들을 즐겁게 하는 것이며, 좋은 소식을 가져다주는 것이다. "그녀 자체가 오랫동안 문화적으로 좋은 뉴스 거리였습니다."라고 필리스 티클$^{Phyllis\ Tickle}$은 이야기하였다. "오락이 희생과 규율을 요구한다면, 그것은 오락이 아닙니다."

오프라의 복음에는 사연이 있다. 기독교인들의 복음도 그와 같다. 마태, 마가, 누가, 그리고 요한은 예수님의 일생에 대하여 각자 다른 방식으로 이야기하고 있다. 그러나 기독교인들은 이러한 이야기들을 말로 전해 듣는 복음이라고 생각한다. 마가복음은 요한복음과 비교할 때 매우 다르다. 오프라의 복음— "감사하면서, 관용을 베풀면서, 자기 자신에게나 다른 이들에게 정직하게 사세요."라고 이야기하는—도 역시 특이하다. 그러나 기독교 복음서의 기자들처럼, 오프라도 역시 이야기할 사연이 있다.

어떤 사람도 오프라의 관대함에 대하여 돌을 던질 수는 없다. 성범죄 희생자에 대한 그녀의 관심을 놓고 아무도 돌을 던질 수 없다. 사람들이 보기에 그녀는 걸으면서 이야기한다. 이렇게 보여지는 오프라의 모습이 그녀를 정직해 보이게 한다. 그녀는 그녀답게 보이고, 솔직해 보이고, 믿을 만하게 보이도록 자신의 이미지를 구축하였다. 이와 같은 면을 떠나서는 오프라다워 보일 수 없다. 그녀는 오프라다워 보이기 위하여 계속 믿을 만해야 하는 것이다.

오프라는 상표 이름을 사용하는 데 있어서 솔직하다. 프로그램이 끝날 때마다 광고 효과를 감안하여 타이틀이 명시되는데, 오프라는 상품과 도움을 제공한 이들에게 방송에서 감사의 표시를 한다. 그녀의 목적을 달성하기 위하여 상표를 명확히 밝히며, 다른 이들이 상품을 활용하는 일에 있어 자원을 영리하게 활용하도록 돕는 것이기도 하다. TV는 상업적인 매체다. 그리고 오프라는 그것을 부정하는 척하지 않는다. 오히려 그것에 대하여 자각하려고 애쓰고 솔직해지려고 애쓴다. 오프라는 그녀가 방송하는 자리를 유지하고 성취하기 위하여 자신이 필요로 하는 것과 관계를 맺는다. 그리고 자신의 일상 언어와 관련된 상업적인 방송 분야와 관계를 맺으려고 애쓴다.

: 넘치게 하여 이룬 성공

　　내가 이해하기 힘든 오프라의 한 일면은 충동적이다 싶을 정도의 과다함이다. 끊임없이 구입해야 할 것들의 목록—장식 베개, 운동 기구, 보습 화장품 크림, 새 옷과 많은 액세서리 등—이 내 신경을 건드리는 것은 아니다. 관심 없는 것에는 채널을 고정하지 않는 것이 시청자이기 때문이다. 예쁜 모습으로 보여 주자는 오프라의 복음은 설득력이 있다. 예쁘고 잘 만들어진 것들과 밝은 색상이 우리의 감각을 기쁘고 즐겁게 하며, 우리는 그런 것들 역시 하나님이 아름답게 창조하신 세상이라는 느낌을 갖게 하는 물질적 세계에 살고 있다. 그렇다고 오프라가 자아도취에 빠진 것도 아니다. 하나님께서 주신 육체를 잘 돌보는 것은 당연한 것이다 ; 우리 자신만이 스스로에 대하여 결정을 내릴 수 있다. 건강하지 못하면 그 건강을 돌보아야 할 책임이 우리 자신에게 있다. 하나님께서 규칙적으로 잘 돌봐야 하는 정교한 육체를 만드셨다는 것은 멋지고 신비한 일이다. 오프라는 그녀만의 풍부한 자원을 함부로 사용하지 않고 올바르게 사용하고 있다. 오프라에게 물질적 도움을 받은 이들은 사연이 분명하고, 그럴 만하다. 록 스타인 그웬 스테파니Gwen Stefani의 어느 열렬한 팬은 그래미상Grammy Awards 시상식을 보러 로스앤젤레스로 가게 되었다. 그녀는 당뇨병 환자였지만 정신 지체아들에게 미술을 가르치고 있었다. 질병, 이혼, 가족을 잃는 것 등의 다른 열악한 환경은 "최고의 하루" 이벤트에 자주 등장한다. 오프라가 이런 상황을 전해 듣는다면, 누군가는 그 상황에서 베푼 선행에 보답받을 것이다. 오프라가 자주 이러한 사연들을 공개하는 것은 그녀만의 미덕이다. 테레사 수녀Mother Teresa는 이렇게 말하였다. 자신은 배고프지 않지만, 사람들 각자의 배고픔을 덜어 준다고. 오프라는 이러한 방식으로 사람들에게 자신의 넉넉한 물질을 나눈다. 그리하여 시청률이 높아지고, 오프라의 이런 모습을 하나님이 주신 사명으로 각인시키게 되는 것이 선행에 대한 보상이다.

그러나 때때로 나는 그녀의 몇몇 메시지가 명료하지 못하고 혼란스럽다고 느낀다 : 예를 들어 "당신 자신을 사랑하겠지만, 10파운드 체중 감량은 하도록 해라."와 같은 말이 그렇다. "받기 위해서 주지만, 네 자신에게 투자하는 것은 잊지 마라.", "오래된 것은 괜찮지만, 너무 구식이어서 촌스럽거나 초라해 보여서는 안 된다.", "이렇게 하면 10년은 젊어 보일 수 있다." 1년 동안 오프라가 하는 말을 보고 들으면, 늘 쇼핑만 하면서 더 좋은 신상품 립스틱이나 구두를 찾아 돌아다녀야 하고, 늘 뜯어 고쳐야 하고, 늘 자기 계발을 해야 할 것 같다. 극도의 불만족이 상습적으로 계속된다면 만족에 대한 강박관념은 커져서 결국 막을 수 없는 영원한 욕망이 되며, 어떤 성공에도 만족하지 못하게 될 것이다.

2005년 2월 21일 "지금보다 10년은 젊어 보이도록"이라는 프로그램에 출연한 초대 손님은 불만족과 변화와 과도함의 쳇바퀴에서 헤어나지 못하고 있는 상황이었다. 젊어 보이는 비결을 나누는 8명의 초대 손님처럼, 이 여성도 운동과 함께 적절한 다이어트를 하고 있었다. 또한 그것에 대한 보상으로서, 그녀는 가끔 쿠키나 크림을 먹는다고도 하였다. 집에서 해 보라며 프로그램이 제시하는 방법들은 그녀가 건강을 유지하고, 긍정적으로 생각하며, 젊어 보이도록 하는 데 도움을 주었다. 그러나 쿠키를 먹는다는 것은 과도하고 부적당하지 않은가.

오프라의 다양한 메시지가 사회적인 책임에 관심을 두고 있기 때문에 특정 문제점이나 대의에 주의를 집중시키기 위하여 자신과 다른 이들의 유명세를 활용하며 강조한다고 이해하면 될 것이다. 그녀는 자선사업이나 공공 개선 사업을 하는 유명 인사들의 활동을 강조한다 : 암 퇴치 기금을 조성하는 운동선수 랜스 암스트롱Lance Armstrong, 어린이들을 위한 기금을 조성하는 가수 리키 마틴Ricky Martin, 에이즈 교육에 참여하는 가수 앨리샤 키스Alicia Keys. 유명 인사들의 역할을 오락 이상으로 끌어올리는 것은 오프라가 무척 잘한 일이다. 유명 인사들은 팬들의 패션, 음악, 영화의 취향에 분명히 영향을 준다. 여기서 오프라는 그 영향력을 다른 곳으로 전환하려는 것이다. 그리고 오프라 자신이 가장 적절한 그 예다.

화려한 요소도 여전히 첨가된다. 오프라의 프로그램은 한 달 동안 맷 데이먼Matt Damon, 메릴 스트립Meryl Streep, 조니 뎁Johnny Depp, 배리 마닐로우Barry Manilow, 짐 캐리Jim Carrey, 그리고 줄리아 로버츠Julia Roberts(그것도 2회에 걸쳐)의 관심사를 다루는 데 큰 비중을 두었다. 평범한 우리들처럼 보이도록, 때로는 자녀의 문제에 대하여 걱정하는 평범한 부모들처럼 보이도록 오프라가 유명 인사들을 인터뷰해야 했기 때문에 이들이 취재에 응했을 수도 있다. 그러나 그녀는 평범한 사람들이 초월적인 방법으로 역경을 헤쳐 나간 사연과 유명 인사들이 평범한 일상에서 살아가며 크게 좌절하거나 중병에 걸린 이야기들을 조화시키려고 했던 것이다. 물론 내용의 균형은 조금씩 바뀌어 왔다. 유명 인사들의 이야기를 다룬 프로그램은 2004년 상승세를 탔는데, 그 비중은 2003년의 두 배가 넘었다. 내가 분류하자면 이러한 변화는 '사적인 내용'을 다루는 주제 덕분이다 : 관계, 가족, 개과천선 등에 관련된 프로그램.

가치에서 선행으로

　나는 오프라가 주로 좋은 일을 하고 있다고 생각한다. 그녀는 사회적인 선행을 위한 파급력이 있다. 박애주의, 여성 인권, 미국 흑인의 문화적 향상에 대한 기여도, 독서 독려, 그리고 어린이에 대한 관심 등을 넘나드는 그녀의 토론 주제는 의욕적이고 칭찬받을 만하다. 그녀는 능력이 있었고, 그것을 활용하고 있다. 그녀에게는 화려한 길거리 패션으로 치장한 신앙이 있으며, 사람들을 휴일이 아닌 그들의 일상에서 발로 뛰며 만나고, 그들의 언어로 이야기하는데 그것 또한 자신의 경험에서부터 우러나온 언어이기도 하다. 그녀는 실제적인 가치에 대하여 이야기하고, 그러한 가치를 어떻게 표현하고 실천하며 사람들에게 영향을 줄 것인가에 대하여 고민한다. 그 고민거리란 예를 들어 생명 유지를 위한 항바이러스 치료를 시도해 보지도 못하는 흑인 에이즈 환자나 그에 대한 의식교육조차 받지 못한 이들에 관한 것이다.

　시간이 흐를수록 이러한 가치들은 선행이 되어 가기 시작하는 것 같다. 2004년 대통령 선거가 끝난 이후, 가치관에 대한 문화적 주제를 논할 때 「크리스천 센추리」Christian Century의 편집자는 이렇게 썼다. "정말 중요한 것은 가치가 아니라 선행이다. 가치는 여론조사원을 통해서도 확인해 볼 수 있는 것이지만, 선행은 세월이 흘러도 변하지 않는 신념이 담긴 삶을 통하여 증명되는 것이다"(미주 7). 오프라는 그렇게 노력하며, 그 강도를 더해 가고 있다. 이것이 바로 그녀가 설득력을 갖는 고귀한 덕인 것이다.

　문화적인 유행이 변하면서 오프라의 머리와 옷 모양도 바뀐다. 그러나 인격적인 품위를 한결같이 유지하는 것이 오프라의 근본적인 관심사다.

"내가 영성에 관하여 이야기하면, 마치 그림의 떡인 것처럼 말한다고 사람들은 생각하나 봅니다." 오프라가 「미디어위크」*Mediaweek*에서 한 말이다. "하지만 그렇지 않아요. 나는 여성들이 자신의 삶을 어떻게 다르게 보이도록 할 수 있는지 다른 사람들의 사연을 통하여 보여 주는 것입니다"(미주 8).

비교적 최근에, 그녀는 「브로드캐스팅 앤 케이블」*Broadcasting and Cable*과의 인터뷰에서 이러한 방법으로 자신의 목표를 이야기한 적이 있다 : "내가 알고 있는 훨씬 더 심오한 방법으로 TV를 이용할 수 있게 되니, 보는 것만으로도 삶의 에너지를 얻는 듯합니다. 세월이 흐르면서 내 나름대로 확립하게 된 시청자와의 관계를 활용함으로써, 시청자들이 자기 자신을 다른 각도에서 느끼게 되고, 결국 스스로를 소중히 여기게 되는 것입니다"(미주 9).

사람들의 이야기를 들어 주고, 오랜 세월에 걸쳐 그들 스스로를 바라보도록 도와주면서 오프라는 그녀 자신에 대해서뿐만 아니라 시청자들과 그들의 가치를 신뢰하게 되었다. 정치적으로 이야기하자면, 그녀는 민주주의 안에서 인간의 존엄성과 평등함을 믿게 된 것이다. 심리학적으로 보자면, 그녀는 자존감의 모범이 되었다. 도덕적인 의미에서는 함께 결정하고, 베푼 만큼 되돌려 받으며, 다같이 편안히 살기 위하여 내리는 개인적인 결정에 이르기까지 오프라는 지역사회 발전을 위하여 논쟁하고 있는 것이다. 오프라는 사연을 통하여 시청자들에게 접근하며 가치를 가르친다. 오프라는 관련된 용어를 사용하며 이야기를 잘한다. 오프라는 장황한 설교 없이도 가르칠 수 있다. 그것은 계속 대화하면 가능한 일이다.

오프라는 간단명료하고 설득력 있게 의사소통을 하는 재능이 있다. 그녀의 말은 짧으면서도 감성적이고 기억이 잘 난다. 지도자에서부터 광고업자에 이르기까지 대중과 의사소통을 잘하는 다른 이들이 그러하듯, 오프라도 '메시지'를 중요시하며 말을 이어 나간다. 그녀 자신이 곧 메시지이며, 똑같은 이야기를 반복하지만, 늘 다른 방식으로 다양한 청중들에게 전달하는 것이다. 그녀가 전하는 복음의 핵심 메시지는 명료하고 일관성이 있다. 이 책은 그 메시지들을 잘 풀이하기 위하여 쓰여졌다 : "감사하세요. 베푼 것은 돌려받게 되어 있답니다. 조금만 다르게 생각해 보세요. 마음속의 소리에 귀를 기울이세요. 자기 자신을 잘 파악하세요. 당신은 변화할 수 있습니다". 물론 이러한 메시지는 사람들이 이미 알고 있는 사실일 것이다. 그러나 흠이 많고 분주한 세상 속에서 다들 실수를 저지르기도 하며, 아주 잊고 살기도 하는 것이다. 이러한 가운데, 오프라는 알림 서비스를 하고 있다.

10장 알림 서비스를 하는 오프라

맺_음_말

즐거운 설교

폴란드 소시지와 샴페인을 곁들인 가족들과의 저녁 식사에서, 오프라가 화젯거리로 떠올랐다.

내 여동생의 조카인 미키^{Micki}는 시카고에 살고 있으며, 치료 전문가로 일하고 있다. 그녀는 오프라의 프로그램 중 아카데미상 시상식에 참석할 평범한 여성 4명의 얼굴을 메이크업해 주는 녹화 방송에 참여했다고 했다.

나는 "양계장 아주머니가 나왔던 프로그램이었구나."라고 맞장구쳐 주었다. 조지아 주에 사는 그 '양계장 아주머니'는 늘 끔찍한 머리 두건까지 쓴 복장으로 일하시는 분이었다. 헐리우드풍의 메이크업을 받은 후, 그녀는 시골 닭에서 세련된 영계로 변하였다.

"그건 그렇고, 그 녹화에 참여할 티켓은 어떻게 얻었니? 나는 몇 달을 노력해도 안 되던데……."

"쉬웠는데요." 미키가 대답하였.

"이메일로 받아 볼 수 있는 마감 직전 티켓을 받으려고 응모했던 거였어요."

"와, 대단하구나. 다음에는 나에게 다오. 그런데, 너는 왜 오프라를 좋아하는 거니?"

"오프라는 많은 선행을 베풀잖아요."

"맞아, 나도 그렇게 생각해." 나의 여동생 마사^{Martha}가 식탁 반대편에서 맞장구쳐 주었다. 채소 가게에서 일하는 내 여동생은 53세로 오프라의 오랜 팬이다. "오프라는 인심이 후하잖니."

식탁의 여자들은 모두 오프라가 자신의 유명세를 활용하여 더 좋은 사회를 만드는 힘을 영원히 잃지 않을 것이라는 데 동의했다. "다른 의견을 듣고 싶으시면, 우리 남편에게 물어보세요. 그이는 얼마나 싫어하는데요." 신혼인 미키가 말하였다.

이미 식사를 마치고 의자에 길게 쓰러져 있던 조나단^{Jonathan}은 미키가 손짓하자 다가와서 우리 여자들 사이에 끼어들었다. 그는 경멸하듯 "아휴, 오프라! 자기가 내다 버릴 것을 사람들에게 선심 쓰듯 주는 거예요. 그리고 그건 정말 자기 것도 아닌데 인심 좋아 보이는 효과까지 얻고 있다구요. 그것으로 사회적인 명망도 얻고, 돈도 벌고 있잖아요."

"억지스럽구나." 마사가 말하였다.

"그녀가 부자면 어떠니? 아프리카뿐만 아니라 여기저기에서 좋은 일을 하는데……. 게다가 열심히 일하고, 충분히 그럴 만하잖니."

"다른 사람의 가슴 아픈 사연을 TV에 내보내서 본전을 뽑는데요?"라며 조나단이 비꼬았다.

"아니, 오프라는 절대 그럴 사람이 아니야." 50살이고 화장품 판매업을 하는 조나단의 어머니가 말하였다.

"그래도 제리 스프링거 Jerry Springer 보다는 훨씬 낫지 않니? 자기 프로그램에서 그자는 성도착증 환자처럼 정말 이상한 사람이었지. 그런데 오프라는 북 클럽도 열고, 자선활동도 시작했잖니."

"그래, 오프라가 하는 오프라 엔젤 네트워크도 있구나." 나도 한마디 거들었다.

"어쨌든, 사람들은 자기가 보고 싶은 것만 보니까요."

"그렇지는 않단다." 마사가 힘주어 말했다.

"우리는 그녀의 삶에 대해서 많이 알고 있단다. 오프라는 정말 그렇게 살고 있을 거야."

내가 오프라 윈프리에 대하여 저술하고 있는 수개월 동안, 나는 이와 같은 대화(이 책에 실린 내용에는 부분적인 편집이 가해졌지만, 실제로 세세한 이야기를 하는 대화)에 늘 귀를 기울였다. 오프라를 좋아하는 여성들은 그녀를 존경의 대상으로 보고 있었다. 2002년 이후로, 그녀는 갤럽 Gallup 의 여론조사에서 가장 존경받는 여성으로 등극하였고, 로라 부시 Laura Bush 보다도 더욱 존경을 받고 있다.

나는 오프라가 그 오랜 세월 동안 다양한 여성들에게 왜 그렇게 여러 가지 이야기를 했는지 궁금하여 이 책을 썼다. 나는 왜 많은 사람들이 똑같은 방식으로 오프라에 대하여 이야기를 하는지 알고 싶은 것이다 : 그녀의 진실성이나 가식 없음, 후한 인심 등을 언급하면서 말이다. 종교 단체가 가르쳐도 될 가치를 그녀가 왜 그렇게 가르쳐 주고 싶어하는지 나는 알고 싶다. 그러나 나는 무엇보다도 그녀의 강력한 긍정의 힘을 나누어 갖고 싶다. 문화적으로 어처구니없는 일들이 만연하는 이때, 나의 정서적 면역 시스템에 누군가가 매일 지원사격을 해 주기 원하는 것이다.

"간추린 대중 문화"를 1년 동안 읽어 보면, 그 안에서 내 자신을 발견할 수 있다. "위기의 주부들"Desperate Housewives의 앰버 프레이Amber Frey, 제시카 심슨Jessica Simpson, 제이미 폭스Jamie Foxx, 그리고 2004년 상원 의원에 당선되어 록 스타처럼 주목을 받았던 일리노이 주의 정치인이자 현 대통령 버락 오바마Barack Obama가 오프라의 프로그램에 출연하였다. 여러 날 동안 TV 시청을 마친 후 끝 때마다 나는 오프라의 열정에 새롭게 충전을 받은 내 자신을 느꼈다. 그래서 내가 이 책을 쓸 수 있게 되었다. 그리고 이 책을 썼다.

오프라는 옥시전Oxygen 유선 방송의 "쇼가 끝난 후"After the Show라는 프로그램에서 조금 더 많은 이야기를 했는데, 거기서 얻은 교훈을 이 책의 맺음말에 추가하고자 한다.

이 책을 쓰면서 나는 놀랄 일이 많았다. 무엇보다 나 같은 사람도 오프라에 대한 책을 쓴다는 것이 놀라웠다. 미국의 목사로서 오프라 윈프리에 대하여 쓴 글을 책으로 엮어 보자는 제안을 처음 받은 때는 2002년이었다. 그러나 나는 그 일에서 점점 손을 놓게 되었다. 왜냐하면 오프라 윈프리 때문에 1년 내내 TV를 앞에 놓고 살고 싶지 않았기 때문이다. 2002년의 3개월로도 충분했다. 그러나 내 생각으로는 닫았다고 생각한 문이 조금 열려 있었던 것 같다. 나는 사람들이 토론하는 주제에 관해서는 계속 글을 쓰고 있었다 : 서적, 이슬람, 대중문화 등. 그런데 오프라는 사람들이 이야기하는 것에 관하여 말하고 있었다. 그것이 그녀의 일이었으며, 그녀의 재능이었던 것이다. 결국 나는 그녀가 하는 일에 관하여 흥미를 가지게 되었고, 특별히 그녀가 책에 집중하였기 때문에 그러한 면이 나를 더욱 끌어당겼다.

내가 오프라를 지켜보고 싶지 않았던 이유 중의 하나는 처음에 그녀가 나에게 호소력이 없었기 때문이다. 집에서 TV를 시청하는 주부들을 끌어들이기 위하여 나는 오프라가 자극적이고 정서적인 소재를 다룬다고 생각했다. 나는 TV에서 즐거움을 찾는 도피자가 아니라 '정말' 중요한 것에 대하여 쓰는 전문 저술인이었기 때문에, 오프라의 프로그램을 볼 시간이 없었던 것이다. 내가 마침내 오프라에 대하여 책을 쓰기로 결정하고, 대중문화에 관심을 갖기 시작할 때, 오프라가 자신의 프로그램에서 실제로 무엇을 하는지를 목격한 후 나는 놀라지 않을 수 없었다.

2004년부터 2005년까지의 방송 주제는 "허황된 꿈들"이었다. 주로 베푸는 것에 관련된 꿈이었다고 오프라는 몇 번 이야기했었다. 베푸는 것은 기껏해야 프로그램의 오락성을 높이기 위한 재미 정도에 지나지 않아 보였다. 그러나 베푸는 것이 오프라의 프로그램을 대표하는 가치가 되었다. 우리가 염두에 두어야 하고, 자신과 타인을 존중하여 각자의 삶에 긍정적인 차이를 만들어 내는 가치에 대한 것이 오프라 프로그램의 주제다. 그녀의 프로그램은 내가 글을 쓰는 주된 주제였던 감사와 용서, 관용을 다루고 있었다. 그러나 그 주제들이 제시되는 방법은 경건하지도 않았고, 과도하게 신실한 것도 아니었으며, 설교를 통한 방법도 아니었다. 오프라가 가치에 관한 프로그램을 시작한 이래로, 그녀는 늘 사람들이 조금 다른 각도에서 생각하기를 바란다고 하였다. 나의 시각으로는 찾아볼 수 없었지만 ; 그녀의 팬들은 그래서 많은 이들이 오프라를 좋아한다고 말한다. 그리고 재미있다. 재미 그 자체가 가치 그 자체는 아니지만, 가치 있는 재미인 것이다. 종교는 아니지만, 종교만큼의 가치가 있는 것이다. 나의 친구이며, 한동안 미국의 문화적·종교적인 면을 관찰해 왔던 필리스 티클Phyllis Tickle은 규율, 실천, 공동체를 갖춘 진정한 신앙이 살아 숨쉬며 기도하는 중앙홀에서 예배당 밖의 오프라가 즐거움을 주고 있다고 말했다. 시청자들은 예배당 입구에서 예배당 안으로 들어가게 될—안 그럴지도 모르겠으나—것이다.

　　나는 오프라가 얼마나 인터뷰를 잘하는지 알고 놀라웠다. 그녀가 유명 인사를 인터뷰할 때는, 그들의 일을 넘어 개인적인 질문을 한다. 그녀는 평범한 사람들을 인터뷰할 때도 비슷한 방식을 취한다. 그녀의 질문은 철저히 속을 캐어 묻는 질문이다. 그녀의 TV 프로그램이 20년이 넘도록, 그녀는 수천 명의 다양한 사람들과 인터뷰를 해 왔다. 그녀는 늘 경청하고 청중도 그것을 안다. "사람들은 솔직함을 느낄 수 있다." 1986년 그녀가 전국적으로 방송을 시작하였을 때, 한 작가가 쓴 말이다.

나는 TV 프로그램을 보며 울고 있는 내 자신에게 놀랐다. 그와 같은 반응은 제작자가 의도했던 것이라고 느끼는 대신, 나의 냉소적 회의주의가 내가 생각했던 것보다 깊었던 것은 아닌가 자문하게 되었기 때문이다. 나의 눈물은 진짜였다. 오프라는 시청자들의 연약한 부분을 건드린다. 물론 그녀도 울지만—이미 유명한 사실이다—그것이 부자연스러워 보일 수도 있음을 알기 때문에 그녀는 오히려 웃음을 준다 : 오프라가 이렇게 말한 적도 있다. "흐느껴 울게 된다면, 머리를 충분히 뒤로 젖히셔야 합니다. 화장한 얼굴에 줄이 그어질 테니까요."

나는 오프라 프로그램과 동떨어져 있는 것이 아니라 어느덧 그 일부가 되어 있는 내 자신을 보고 놀랐다. 집 안 청소부터 남아프리카의 문제에 이르기까지, 나는 오프라의 프로그램이 본격적으로 다루는 주제의 방대함에도 놀랐다. 모든 이를 위한 프로그램이었으며, 내가 이야기를 나누어 본 팬들은 한결같이 그 다양함에 감사한다고 하였다.

나는 오프라의 프로그램을 보지 않는 사람들이 얼마나 되는지를 알고

난 후, 적잖이 놀랐다. 나는 보통 책을 쓸 때, 평범한 사람들이나 해당 주제의 전문가들과 이야기를 나누는데, 사람들이 경험하거나 이야기를 할 때, 나는 그 주제를 묘사하며 전문가의 견해도 담는다. 그런데 오프라의 문화적 역할에 대한 전문가의 해석을 원했을 때, 오프라의 프로그램을 보지 않는다는 것이 그들의 첫마디였다. 사실 이것은 그리 놀랄 일도 아니다. 낮 시간대의 TV 시청자들은 집 밖에서 일하는 사람들이 아닐 것이며, 일하는 시간대가 유동적이거나(간호사처럼), 오프라의 프로그램 시간대 이전에 근무를 마치는 사람들일 수도 있고, VCR로 프로그램을 녹화하는 사람들일 수도 있다. 그러나 더 큰 핵심은 진짜 전문가들이 예상하듯이 오프라 프로그램의 TV 시청률이 떨어져 나가지 않는다는 것이다. 오프라 프로그램의 시청자들은 개인적으로 자신이 그 프로그램에 연관되어 있다고 느낀다. 또한 진짜 전문가들은 그녀의 프로그램을 본다. 오프라에 대한 각 시청자들의 의견이나 경험이 아무리 개인적이고 한정되어 있다 할지라도, 시청자들은 똑같은 말을 하는 것이다 : "오프라는 진짜이고 진실하며 정직하고 능력이 있다".

나는 글을 쓰며 사는 사람이지만, 오프라의 잡지보다 TV 프로그램을 좋아하기 시작한 것에 스스로도 놀랐다. 오프라의 상당한 카리스마는 TV를 통해 나타나고 있다. 그녀는 매력적이면서도 감동을 준다. TV라는 매체에 숙달되어 있는 오프라로 인하여 나는 TV의 새로운 면을 보게 되었고, 많은 이들에게 다가가고 영향을 주는 능력을 느끼게 되었다. 그 덕분에 나는 정보와 즐거움을 주는 TV를 다시 좋아하게 되었다. 오프라가 말하듯 정말 재미있다. 신앙이나 가치를 이야기할 때 '재미있다'(fun)는 단어를 쓰는 사람은 거의 없다. 그러나 오프라는 사회적인 책임이 재미있을 수 있다고 가르친다. 오프라는 내가 중요하다고 여기는 것에 대한 나의 진지함을 꼬집기도 한다.

TV의 내력에 익숙해져 있거나 평범한 중년의 나이에 접어든 사람들은 TV를 "광대한 미개척지"ᵃ ᵛᵃˢᵗ ʷᵃˢᵗᵉˡᵃⁿᵈ라고 묘사했던 것을 기억할 것이다. 연방통신위원회의 회장이었던 뉴턴 미노ᴺᵉʷᵗᵒⁿ ᴹⁱⁿᵒʷ가 1961년에 했던 말이다. 그 책을 훑어보면서, 나는 그의 연설의 나머지 부분을 읽어 보았다. 미노는 TV 프로그램의 질적인 면에 대하여 임원들을 호되게 질책하기 전에, 그 자신이 먼저 TV를 칭송했다. '즐겁고', '감동을 주며', '놀라울 정도로 유용한 정보가 많은' 프로그램들을 예로 들면서 그가 말하였다. "TV는 좋기만 하다. ―영화도, 잡지도, 신문도―이보다 나을 수 없을 것이다"(미주 1).

오프라에게는 용기와 영감과 재미를 주는 TV 자체가 광대한 설교다. 나는 오프라가 미국에서 책을 소개하며, 그 즐거움을 알려 주기 위하여 TV를 선택한 것에 감사한다. 나는 그녀를 진지하게 생각한다. 그녀는 TV를 잘 활용하고 있다. 지나치게 심각하지 않은 방법으로 그녀는 진지하게 설교하고 있는 것이다.

나는 오프라가 가치를 알려 주는 서비스를 하고 있다고 확신하고, 사람들이 이미 알고 있는 것에 관해서도 마찬가지다. 사람들은 이것으로 영감을 받는다고 생각한다. 그러나 나는 그 의미가 그보다도 훨씬 깊다고 생각한다. 오프라는 나에게 재미를 느끼게 해 주었고, 삶의 다른 중요한 요소들과 조화를 이루도록 해 주었다. 그녀는 내가 왜 이 책을 쓰는 데 열중해야 하는지 알려 주었다 : 오프라처럼 나도 사연을 좋아한다. 「오프라 매거진」 칼럼의 제목을 빌어 이야기하자면, "내가 확실히 아는 것"은 사람들이 자신의 이야기를 들어 주는 것을 좋아한다는 것이다. 경청한다는 것은 존중의 표시이기 때문이다. 마지막으로, 그녀가 나에게 가르쳐 준 정말 놀라운 것을 소개한다 : "내려갈수록 좁아지는 바지를 입지 마세요. 뚱뚱해 보입니다".

어떻게 이 책을 썼는가?

소재 및 자료의 출처

이 책의 기본적인 자료 출처는 오프라의 프로그램인 "오프라 윈프리 쇼"The Oprah Winfrey Show 그 자체와 「오프라 매거진」O, The Oprah Magazine이다. 나는 2004년부터 2005년 프로그램 시즌 동안, 그리고 그 직전의 1년가량 오프라의 프로그램을 시청하였다. 또한 2002년 3개월 동안 오프라의 프로그램을 시청하면서 사설을 썼던 것이 이 책의 모태가 되었다. 더 오래된 프로그램의 방송 대본을 60여 편 정도 읽기도 하였다. 2000년에 출판을 시작한 「오프라 매거진」의 총 부수 중 3분의 1을 읽었으며 북 클럽이 선택한 44권의 도서 중 총 10권을 읽었다. 또한 오프라의 웹 사이트인 www.oprah.com에서 다루어지는 프로그램이나 주제 토론에 주기적으로 참여했고, 전국의 팬들, 다양한 민족의 팬들, 다양한 환경의 팬들과 이야기를 나누었다.

프로그램이 방영되는 내내(그리고 2002년 내내) 전화를 해 보았으나, 프로그램에 참여할 수 있는 티켓은 얻지 못하였다. 하포 프로덕션Harpo Productions은 오프라와의 만남을 허가해 주지 않았고, 오래된 프로그램의 자료를 제공하는 것을 거절하였다. 오프라를 위하여 일한 사람들은 그들의 작업에 관하여 평생 기밀을 유지할 것을 서약한 것이 그 이유이기도 했다. 그래서 직접적으로 접근할 기회가 없었으며, 간접적인 자료들을 많이 모아서 작업을 해야만 했다. 따라서 오프라에 관하여 책을 쓴 많은 사람들과 이야기를 나누어 보았는데, 그들은 그녀가 해 놓은 일들을 그다지 신중하게 다루지 않았고 책이 될 만한 분량으로 접근하지도 않았다. 그러나 신문이나 잡지에 수천 개의 기사가 있었다. 그것들을 검색하기 위하여 데이터베이스를 활용하였을 때, 맨 처음에 23,000개의 기사가 추출되었으며, 나는 그것을 골라내어 사용하였다.

나의 생각에 영향을 주어 인용한 책과 기사들은 참고문헌에 기록해 두었다. 또한 이 책의 본문 안에서 간접적으로 인용된 것들은 미주로 표시해 두었다. 그 외에는 내 자신의 해석과 인터뷰, 프로그램과 방송 대본, 그리고 잡지를 보고 기록한 것들에서 비롯된 것이다. 메모할 양을 줄이기 위해 잡지와 프로그램의 날짜를 밝혀 둔다.

감사의 말

일찍이 이 책에서 밝혔듯, 나는 오프라에게서 감사함을 배웠다. 요점을 잃지 않으면서 재미있게 글을 쓰는 미덕도 오프라가 알려 준 것이다. 오프라의 프로그램이 "허황된 꿈"이라는 제목으로 방송될 때, 나의 가장 허황된 꿈이 이루어졌다 : 이 책을 저술하면서 내가 꿈꾸었던 것보다 더 많은 도움을 얻었던 것이다. 이들의 편집 작업, 이들이 할애하여 주었던 시간, 이들의 응원에 대하여 감사를 표한다 : Phyllis Tickle, Jana Riess, Juli Cragg Hilliard, Marilyn Lewis, Kimberly Winston, David Gibson, Mark Pinsky, Kathryn Lofton, Jamie Phelps, Wayne Thompson, Kellie McElhaney, Ken Kuykendall, P. J. Bednarski, Jane Garrity, Juan Thomas, Sandy Hockenbury, Michael Rayford, Annah Dumas Mitchell, Kelly Hughes, and Carol Russell. 내가 주최하였던 프로그램인 "Metropolitan Chicago General Meeting of the Religious Society of Friends"에 참가했던 이들이 유용한 피드백을 제공하여 주었다. 내가 왜 이 작업을 해야 하는지 이해하여 준 Diane Connolly에게는 특별히 감사하다.

감사함과 마찬가지로 인내심도 미덕이다. Westminster John Knox Press의 편집자인 David Dobson은 여러 해 동안 이 작업을 기다려 주었다. 가족인 Bill, Margaret, 그리고 Andrew Nelson에게는 감사의 말을 잊을 수 없다. 그들의 편집 작업, 자료 보조, 경청, 애정, 인내심에 감사한다. 그리고 하나님께 모든 감사를 드린다.

본문 주해

머리말 : 사명을 띤 오프라

1. Eva Illouz, *Oprah Winfrey and the Glamour of Misery : An Essay on Popular Culture*(New York : Columbia University Press, 2003), 5.
2. 더 자세한 내용은 본서의 다음 부분을 참조할 것. "어떻게 이 책을 썼는가?" 178-179.
3. Margaret Bernstein, "Oprah Winfrey Tells Baptists to 'Surrender All,'" Religion News Service, April 18, 2005.

1장 : 너무나 인간적인 오프라

1. Illouz, *Oprah Winfrey and the Glamour of Misery*, 32-33(원문에서 강조함).
2. Quoted in Shawna Malcom, "Oprah Winfrey : The Best Friend Popular Culture Ever Had," *Entertainment Weekly*, November 11, 1999.
3. Quoted in George Mair, *Oprah Winfrey : The Real Story*(Secaucus, NJ : Citadel Stars, 1998), 100.
4. A chapter in Helen S. Garson, *Oprah Winfrey : A Biography* (Westport, CT : Greenwood Press, 2004), charts the ups and downs of her weight journey.
5. Mair, *Oprah Winfrey*, 44.
6. Deborah Tannen, "Oprah Winfrey," *Time*, June 8, 1998.

2장 : 역경의 실체를 인정하고 극복하려는 오프라

1. Illouz, *Oprah Winfrey and the Glamour of Misery*, 23.
2. Ibid., 202.

3. Cecilia Konchar Farr, *Reading Oprah : How Oprah's Book Club Changed the Way America Reads*(Albany, NY : SUNY Press, 2005), 141n.
4. Mark T. Haynes, "Predicting the Effectiveness of Mediated Therapeutic Communication : Oprah's *Change Your Life TV* as a Prototype"(master's thesis, Illinois State University, 1999), 67.
5. 다음 부분을 참조할 것. Jane M. Shattuc, "The Oprahfication of America : Talk Shows and the Public Sphere," in *Television, History, and American Culture : Feminist Critical Essays*, ed. Mary Beth Haralovich and Lauren Rabinovitz(Durham, NC : Duke University Press, 1999).

3장 : 공동체를 활용하는 오프라

1. Farr, *Reading Oprah*, 31.
2. Ibid., 60.
3. Ibid., 54.
4. Ibid., 141n.; Richard Lacayo, "Oprah Turns the Page," *Time*, April 15, 2002.
5. 이 부분을 참조할 것. Shattuc, "Oprahfication of America."

5장 : 감사함을 가르치는 오프라

1. Quoted in Ann Oldenburg, "$7M Car Giveaway Stuns TV Audience," *USA Today*, September 14, 2004.
2. Robert A. Emmons and Michael McCullough, "Counting Blessings versus Burdens : An Experimental Investigation of Gratitude and Well-Being in Daily Life," *Journal of Personality and Social Psychology* 84, no. 2(2003).

6장 : 상황을 단순화시키는 오프라

1. Lisa Granatstein, "Soul Sisters," *Mediaweek*, March 1, 2004.
2. Quoted in Sarah A. Webster, "GM, Oprah Team Up to Give Away

Cars," *Detroit Free Press*, September 14, 2004.
3. Kathryn Lofton, "Practicing Oprah, or, The Prescriptive Compulsion of a Spiritual Capitalism," *Journal of Popular Culture* 38, no. 6(November 2005).
4. Tannen, "Oprah Winfrey."
5. Bernstein, "Oprah Winfrey Tells Baptists to 'Surrender All.'"

7장 : 경청하는 오프라

1. Alan Wolfe, *The Transformation of American Religion : How We Actually Live Our Faith*(New York : Free Press, 2003), 156.
2. 다음 예를 참조하시오. Dolf Zillmann, "The Oprahization of America : Sympathetic Crime Talk and Leniency," *Journal of Broadcasting and Electronic Media*, January 1, 1999.
3. Illouz, *Oprah Winfrey and the Glamour of Misery*, 221.

8장 : 넉넉한 마음을 가르쳐 주는 오프라

1. Quoted in Oldenburg, "$7M Car Giveaway Stuns TV Audience."
2. Kimberly Davis, "Blacks Giving Back : Increasing Number Donate Large Sums to Institutions and Causes," *Ebony*, December 1, 2003.
3. "The 50 Most Generous Philanthropists," *BusinessWeek*, November 29, 2004.

9장 : 용서에 대하여 탐구하는 오프라

1. Richard Holloway, *On Forgiveness : How Can We Forgive the Unforgiveable?*(Edinburgh : Canongate, 2002), 76.
2. Patty Thomson, "Losing Teagan : A Story of Tragedy, Forgiveness, and Hope," *Bethel Focus*, Spring 2003, 다음의 웹 사이트에서 정보를 얻음. http://www.bethel.edu/alumni/Focus/Spring/03/teagan.html.
3. Illouz, *Oprah Winfrey and the Glamour of Misery*, 227-230.
4. Holloway, *On Forgiveness*, 13.

5. Desmond Tutu, *No Future without Forgiveness*(New York : Doubleday Image, 2000), 273.

10장 : 알림 서비스를 하는 오프라

1. Quoted in Patricia Sellers, "The Business of Being Oprah," *Fortune*, March 17, 2002.
2. Mair, *Oprah Winfrey*, 8.
3. "1997년 5월 30일 오프라의 시작 연설에서," Wellesley College, http://www.wellesley.edu/PublicAffairs/Commencement/1997/winfrey.html.
4. Shattuc, "Oprahfication of America," 171.
5. Wolfe, *Transformation of American Religion*, 250.
6. Quoted in P. J. Bednarski, "All About Oprah Inc.," *Broadcasting and Cable*, January 24, 2005.
7. "Values and Virtues," *Christian Century*, November 30, 2004.
8. Quoted in Lisa Granatstein, "Spiritual Awakening," *Mediaweek*, April 3, 2000.
9. Quoted in Bednarski, "All About Oprah Inc."

맺음말 : 즐거운 설교

1. Newton N. Minow, "Television and the Public Interest"(1961년 5월 9일, National Association of Broadcasters, Washington, DC, 직전의 연설)

참고문헌

Abt, Vickie, and Leonard Mustazza. *Coming after Oprah : Cultural Fallout in the Age of the TV Talk Show*. Bowling Green, OH : Bowling Green State University Popular Press, 1997.

Bednarski, P. J. "All About Oprah Inc." *Broadcasting and Cable*, January 24, 2005.

Bernstein, Margaret. "Oprah Winfrey Tells Baptists to 'Surrender All.'" Religion News Service, April 18, 2005.

Buckendorff, Jennifer. "The Oprah Way." *Salon*, January 24, 2005.

Collins, Patricia Hill. *Black Feminist Thought : Knowledge, Consciousness, and the Process of Empowerment*. New York : Routledge, 2000.

Copeland, Libby. "Our Lady of Perpetual Help : In the Church of Feel-Good Pop Psychology, Spiritual Rebirth Means Starting at O." *Washington Post*, June 26, 2000.

Davis, Kimberly. "Blacks Giving Back : Increasing Number Donate Large Sums to Institutions and Causes." *Ebony*, December 1, 2003.

Dickerson, Debra. "A Woman's Woman." *U.S. News and World Report*, September 29, 1997.

Emmons, Robert A., and Michael McCullough. "Counting Blessings Versus Burdens : An Experimental Investigation of Gratitude and Well-Being in Daily Life." *Journal of Personality and Social Psychology* 84, no. 2(2003).

Farr, Cecilia Konchar. *Reading Oprah : How Oprah's Book Club Changed the Way America Reads*. Albany, NY : SUNY Press, 2005.

Garson, Helen. *Oprah Winfrey : A Biography*. Westport, CT : Greenwood Press, 2004.

Granatstein, Lisa. "Soul Sisters." *Mediaweek*, March 1, 2004.

_____. "Spiritual Awakening." *Mediaweek*, April 3, 2000.

Haynes, Mark T. "Predicting the Effects of Mediated Therapeutic Communication : Oprah's *Change Your Life TV* as a Prototype." Master's thesis, Illinois State University, 1999.

Holloway, Richard. *On Forgiveness : How Can We Forgive the Unforgiveable?* Edinburgh : Canongate, 2002.

Illouz, Eva. *Oprah Winfrey and the Glamour of Misery : An Essay on Popular Culture*. New York : Columbia University Press, 2003.

Lacayo, Richard. "Oprah Turns the Page." *Time*, April 15, 2002.

Lofton, Kathryn. "Practicing Oprah, or, The Prescriptive Compulsion of a Spiritual Capitalism." *Journal of Popular Culture* 38, no. 6(November 2005).

_____. "Reading Religiously : The Ritual Practices of Oprah's Book Club." In *Oprah's Book Club : Interpretations*, edited by Cecilia Konchar Farr and Jaime Harker. Albany, NY : SUNY Press, forthcoming.

Mair, George. *Oprah Winfrey : The Real Story*. Secaucus, NJ : Citadel Stars, 1998.

Malcom, Shawna. "Oprah Winfrey : The Best Friend Popular Culture Ever Had." *Entertainment Weekly*, November 11, 1999.

McClymond, Kathryn T. "The Gospel according to Oprah." In *Religion as Entertainment*, edited by C. K. Robertson. New York : Peter Lang, 2002.

Oldenburg, Ann. "$7M Car Giveaway Stuns TV Audience." *USA Today*, September 14, 2004.

"Oprah on Oprah." *Newsweek*, January 8, 2001.

Sellers, Patricia. "The Business of Being Oprah." *Fortune*, March 17, 2002.

Shattuc, Jane M. "The Oprahfication of America : Talk Shows and the Public Sphere." In *Television, History, and American Culture : Feminist Critical Essays*, edited by Mary Beth Haralovich and Lauren Rabinovitz. Durham, NC : Duke University Press, 1999.
Tannen, Deborah. "Oprah Winfrey." *Time*, June 8, 1998.
Taylor, LaTonya. "The Church of O." *Christianity Today*, April 1, 2002.
Thomson, Patty. "Losing Teagan : A Story of Tragedy, Forgiveness, and Hope." *Bethel Focus*, Spring 2003, http://www.bethel.edu/alumni/Focus/Spring/03/teagan.html.
Tutu, Desmond. *No Future without Forgiveness*. New York : Doubleday Image, 2000.
Webster, Sarah A. "GM, Oprah Team Up to Give Away Cars." *Detroit Free Press*, September 14, 2004.
Welborn, Amy. "The Feel-Good Spirituality of Oprah." *Our Sunday Visitor*, January 13, 2002.
Wolfe, Alan. *The Transformation of American Religion : How We Actually Live Our Faith*. New York : Free Press, 2003.
Wuthnow, Robert. *After Heaven : Spirituality in America since the 1950s*. Berkeley : University of California Press, 1998.
Zillmann, Dolf. "The Oprahization of America : Sympathetic Crime Talk and Leniency." *Journal of Broadcasting and Electronic Media*, January 1, 1999.

그 여자의 신앙,
오프라
윈프리

초판인쇄	2010년 8월 20일
3쇄발행	2012년 7월 20일

지 은 이	마르시아 Z. 넬슨
옮 긴 이	최혜선
펴 낸 이	채형욱
펴 낸 곳	한국장로교출판사
주 소	110-470 / 서울 종로구 연지동 135 한국교회100주년기념관 별관
전 화	(02) 741-4381 / 팩스 741-7886
영 업 국	(031) 944-4340 / 팩스 944-2623
등 록	No. 1-84(1951. 8. 3.)

ISBN 978-89-398-0734-1 / Printed in Korea
값 8,000원

편 집 장	정현선		
교정·교열	오원택	**본문편집·표지디자인**	김지수
업무과장	박호애	**영업과장**	박창원

※ 이 출판물은 저작권법에 의해 보호를 받는 저작물이므로 무단전재와 무단복제를 할 수 없습니다.